伊都能売神諭

目次

いづのめしんゆ

題字は教主　出口　紅　様筆

大正七年十二月二日（旧十月二十九日）

艮の金神 国常立尊が、明治二十五年から永らく出口直の体内を借りて、若姫君尊と引き添うて変性男子と成りて、三千世界の世の立替えの経綸を、筆先に書かして知らしたなれど、後の立直しの筆先はまだかかしてないから、変性女子の体内を籍りてこれから時節に応じて書かすぞよ。

世の立替えは世の元から経綸いたしてあることが、一分一厘違わん、皆出て来る時節が迫りたのであるから、この経綸は変わりは致さんなれど、世の立直しは人民の肉体を使うて致さねばならぬことであるから、人民の改心次第で速くもなり、また遅れも致すから、これから変性女子と役員がしっかり致してくださらんと、なかなか大事業であるから、一寸の油断も寸隙も無いぞよ。

二代の御世継は澄子に命令は下がりておるなれど、モウ少し立直しの筆先をかかねばならぬから、変性女子の体内を借りて筆先を出すから、今までのような筆先の見よう致しておりたら大きな間違いが出来いたすぞよ。この筆先は国常立尊が変性女子の体内を借りて知らすのであるから、男子にかかした筆先とはチットは筆の使い方が違うなれど、神の経綸は毛筋も間違いは致さんから、その覚悟で筆先を読みて、腹帯を緩まんように致してくだされよ。

明治二十五年から大出口直の手を借りて、三千世界の大芝居が始まるぞよと申して知らしておいたが、一番叟、二番叟、三番叟も相済みて、いよいよこれから初段が始まるぞよ。

初段、二段の始まりておる間に、世界の大本は皆揃うて霊魂を研いて、何彼の準備を致して、三段目の立役者となりて、この乱れ切った世界を尉と姥とで掃除致して、昔の元の水晶の松の神代に立直さねばならぬから、これからは段々と因縁の御魂を綾部の大本へ引き寄して、霊魂を研かして、今度の二度目の世の立直しの御用に使う、末代の仕組が致してあるから、この大本の肝心の役員は真心から親切に御取り次ぎを致してくださらぬと、好き嫌いのあるようなことでは、せっかく神が綱を掛けて引き寄した身魂を取り遁すようなことが出来いたすぞよ。

この大本は何事によらず神界の命令通りに致さねば、途中で経綸が変わりたら今度のことは成就いたさんぞよ。今度世の立直しが出来致さなんだら、世界はモ一つ乱れて潰れるより仕様はないぞよ。

この世界を立直す尊い経綸の判る所は、綾部の竜宮館、地の高天原よりほかには無いから、我も私もと申してこれからは金銀持って、御用に使うてくだされと申して来るものばかりであれども、神の赦しなき人民の宝は受け取ることはならぬぞよ。汚れたものが一分混りても、今度は水晶の神代に致すには大きな邪魔になるから、役員の人は充分気を付けてくだされ。変性男子の御魂　国常立尊が女子の手を借りて念を押しておくぞよ。

○

世界は九分九厘となりて、昔からの生神の経綸は成就いたしたから、変性男子若姫岐美尊は天に上りて守護いたすから、日の大神、月の大神、天照皇大神、御三体の大神は、地へ降りまして今度の御手伝いを遊ばすなり、艮の金神 国常立尊は天地を駆け回りて世界一切を構うなり、坤の金神はいよいよ奥役となりて地の神界を主護いたして、三千世界を一厘の経綸で立直す役となりたから、これから天地の様子も世界の一切も大変わりが致すのが迅いから、何ほど自我の強い人民でも、悪の強い邪神でも、改心いたさなならんように、一日増しに変わりて来るぞよ。

昔からこの世始まりてからまだ無きことが、セングリセングリ出来いたすぞよ。珍しきこともできるぞよ。

○

艮の金神が出口直の娘を王子と八木へ遣りてありたのは、神の経綸であると申して、男子の手と口とで知らしてありたが、王子の梨木峠で、昔からの因縁によりて、本田親徳と変性女子との面会をさして、女子に霊学を授けるように致したのも、王子の産土暗がりの宮を仲立に致してのことでありたぞよ。澄子も王子へしばらく遣りて、幼い年から色々と人のようせん辛い目をさしてありたが、その時から変性女子に面会さして綱が掛けてありたのであるから、肉体は二代と夫婦に致して、坤の金神の奥役をさしてあるぞよ。これも人民には一寸見当の取れん仕組であるぞよ。

八木へ久子を遣りてあるのも、深い経綸であると申したが、明治三十一年の紅葉の色の真盛りに、八木からの頼みで変性女子が参りたのであるぞよ。

変性男子は人民に百日の水行を命して、身魂を研いて水晶に洗濯いたす御役なり、変性女子は霊をもって人民の身魂を研く御役に拵えてあるぞよ。その霊魂の因縁によって、男子の旅立ちには、いつも大空が曇りて雨が降りたなり、女子の旅立ちにはいつも火の守護であるから、曇りた空もすぐに晴天となりたのであるぞよ。

変性男子は肉体が水、霊体が火であるなり、女子は肉体が火で霊体が水であるから、男子の旅立ちには水の守護なり、女子の出立には火の守護となりたのであるぞよ。

変性男子の霊魂は天の役、夫の役なり、女子の霊魂は地の役、妻の御用であるぞよ。

火と水との守護で、天地を開く火水の経綸であるから、この先は天と地との神の働きが明白に判りて来るぞよ。

変性女子の身魂を明治三十二年の六月二十三日に、竜宮館の高天原へ引き寄して、色々と気苦労をさして、身魂の荒研きを致さしたが、女子もあまり我が強かりたので、改心さすのに十年掛かりたが、明治四十二年の七月十二日から坤の守護に致して、大本の経綸の御用を命して来たぞよ。

それでもまだ世の立直しの御用さすには、あまり混りがありて間に合わぬから、大正七年の七月十二日、女子の肉体の誕生日から、この世の荒衣を脱がすために、七十五日の肉体と霊魂の大洗濯を致さしたぞよ。出口直は十三日の間食物を取り上げたなれど、女子の肉体はあまり曇りが激しいから、四十八日の間食物を取り上げて、身魂に苦労をさして、二度目の世の立直しの御用に使うのであるぞよ。

何事も皆神からの命令でさせられるのであるぞよ。変性女子の身魂を〆木に掛けて、汚い分子を吐き出さしておいて、五十日目から国常立尊が、坤の金神と引っ添うて、女子の霊魂を世界中連れ回りて、世の立直しの守護がさしてあるぞよ。

七十五日の床縛りが済みて、二日の間肉体を休まして、三日目には大本変性男子の肉体の最後の大祭を致させ、四日目は祖霊社の祭りを済まさせ、五日目には変性女子の口を借りて、大本の立直しの厳しき教えを、大本の役員信者に申し聞かしてあるから、チットも間違いの無いように、これからこの大本の中は心配りを致してくださらぬと、肝腎の仕組が遅れるから、天地の神々様に申し訳のないことになりてしまうぞよ。

あけて六日目、旧十月の三日、新の十一月六日の五つ時、神界の経綸が成就いたして、今度の世界の大戦争を一寸止めさしておいて、その晩の四つ時（十時三十分）に、天からの御迎えで出口直は若姫君尊の御魂と引き添うて、天へ上りたぞよ。

これからは天の様子も、明白に判り出すぞよ。一旦出口直は天へ上りたなれど、直の御魂は三代の直霊に憑りて地の御用を致さすぞよ。

直の御魂は天にありては国常立尊と引き添うて、大国常立尊 大出口神となりて世界の守護を致すなり。地に降りては変性女子の身魂に国常立尊が憑りて、立直しの御筆先を書かすなり。出口直の御魂は木花咲耶姫殿の宿りた身魂の三代直霊に憑りて、直霊主尊となりて、地の神界の御用を致さす経綸が成就いたしたから、これからの大本の中はこれまでとは大変わりが致すぞよ。

今一寸大本の内部静かにあるから、世界も一寸の間だけは静かにあれど、この節分が済みたら大本も世界も、何彼のことが喧ましう忙しうなるから、今の静かな中に、何彼の準備をいたしておかねば、俄に橡面貌を振らねばならんようなことになるぞよ。

大正七年旧十月二十九日、新の十二月二日、変性女子に憑りてしるしおく。

○

艮の金神 国常立尊が、天の御三体の大神様の御命令を戴きて、三千世界を立直し致すについては、ミロクの大神様の御加護を戴かねば物事成就いたさんから、因縁のある身魂 変性女子を表して、大正五年辰の年旧三月三日に、大和国畝火の山を踏み〆さして、世界立直しの守護が致してあるぞよ。

畝火の山は出口に因縁の深き神山であるから、昔から土米が竜神の守護で生出してありたなれど、神界の都合によりて変性女子に守護を命して、肝川の深山八大竜神に土米の御用を仰せ付けたのであるぞよ。たくさんの土米ができると申して、一粒でも粗末には致されぬぞよ。大本の許し無きことには、一粒でも勝手に拾うことはならんから、我を張りて拾うなら拾うてみやれ。神界の仕組の土米であるから、これからは厳しき戒めを致すぞよ。

昔から元伊勢、丹後の比沼真奈為の宮に生出してありたなれど、明治四十五年の三月八日に出口直が、伊勢の内宮、外宮、香良洲の宮へ御神霊をお迎い致してから、丹後には今までのようには生出ぬようになりたぞよ。チットばかり種は遺してあれど、土米の神力はモウ無くなりておるぞよ。これも深い神界の仕組であるから、人間界では解ることでないぞよ。

大正五年の旧五月五日には、変性女子の身魂に、昔から永らく世に隠れて守護を致しておりた、坤の金神の住居を致した播州の神島が開かしてあるが、人民からはさほどにもない御用のようにあれども、神界では大変な神業でありたぞよ。

朝日の直刺す夕日の日照らす高砂沖の一つ島一つ松、松の根本に三千世界の宝いけおくと、昔から言い伝えさしてありたが、今度は瑞の御魂の肉体を使うて、三千世界の宝を掘り上げさしたぞよ。その宝と申すのは、この世を水晶の松の代、神世として治め遊ばすミロクの大神様のことでありたぞよ。

その年の九月九日に艮の金神　国常立尊が、変性男子の身魂　出口直に憑りて、二代三代を引き連れ艮めを刺して参りたのも、深い経綸のあることぞよ。この因縁もモウ少し致したら分けて見せるぞよ。

大正五年辰の年五月午の月の八日に、変性女子が全部と現れて、女神の姿になりて、大本へ参りた折、出口直は変性男子　国常立尊と表れ、海潮は変性女子　豊雲野尊と現れて、昔の神代から沓島と神島へ別れて落ちておりた夫婦の神が、竜宮館の高天原で再会の祝いに盃がさしてあろうがな。その日から変性女子の身魂には坤の金神と豊雲野尊が守護致したから、段々と緯の御用が表れて、ボツボツと神界の経綸ができかけて来たのであるぞよ。

この大本は明治二十五年から申してあるように、男子と女子と経緯が揃わねば何事も成就いたさぬのであるぞよ。

坤の金神の身魂には、変性男子と女子との御用を勤めてもらわなならんから、これからは今までとは海潮は忙しうなりて、苦労が段々殖えて来るから、今までの身魂ではよう忍耐んから、七十五日の神から修行をさしたのであるぞよ。

この先は変性女子の教祖と致して、男子の直系の二代三代の後見を致さすのであるから、坤の金神の女子は一代の役であるから、この次第を取り違い無きように気を付けておくぞよ。今が艮めの肝腎要の大事の場合であるぞよ。艮の金神は誰にも憑るということはできぬなれど、天から守護いたして海潮に筆先を書かしておくぞよ。同じ筆先の書きようであるから、今までの男子の筆先も矢張り変性女子が書いて、男子の筆先にいたしておりたじゃろと、疑う人民がたくさんにできるなれど、そんなことに気を掛けておりたら、物事が成就いたさんから、ドシドシと女子に筆先を書かして、三千世界を開くぞよ。

出口直の八人の御児と、今までの筆先に出してあるのは、八柱の金神大将軍のことでありたぞよ。この八人の御児が、今度は二度目の天之岩戸開きの御用に手柄いたさして、末代名を残さして、結構な神に祀りてもらうのであるぞよ。八人の御子の働きはこれからボツボツと現れて来るぞよ。

人民の思いとは大変な違いであるぞよ。この世の立替えには、艮の金神が九万九億の眷属を使うて、天地を一度に開く梅の花の経綸が昔の神代から致してありてのことであるぞよ。世に出ておれる神様にも、守護神にも、人民にも、見当の取れん仕組がいたしてあるから、今の今まで判りは致さんぞよ。

人より早う手柄を致そうと思うて、焦慮りて縮尻る守護神人民がこれからはできて来るから、大本の役員は余程しっかり筆先を腹へ入れておかんと、経綸の邪魔になりて、立直しが遅くなるから、念に念を押して気を付けておくぞよ。

大本の根本の極まらぬ中に、守護神人民が勝手に致したことは、九分九厘で覆りてしまうぞよと、いつも筆先で気が付けてありたなれど、神の申すことを背いて致したことは、何遍でも跡戻りばかり致すぞよ。

大本を次に致して、園部で広間を建てようと致して、材木を寄せてサアこれから建て前というようになりた所で、俄の大雨で材木が影も形も無いように流れたことがあろうがな。皆神界から善悪の鏡が出して、大本の中に実地が見せてあるぞよ。

明治二十五年から、幹退けて末続くとは思うなよ、幹ありての枝もあれば末もあるぞよ。幹退きたら末は枯れるぞよと申して、出口直の手で毎度気が付けてあるぞよ。

明治二十五年から申したことは、いつになりても毛筋の横巾も違わんことばかりであるぞよ。

大正七年十二月二十二日（旧十一月二十日）

艮の金神 国常立尊の御魂が、竜宮館の高天原に現れて、世の立替え立直しの筆先を書きおくぞよ。

三千世界の立替えの御用致さすために、変性男子の身魂 大出口直に永らく苦労をさしてあるぞよ。天保七年十二月十六日、天照皇太神宮殿の御誕生日にこの世へ出してから、二十七年の間、直は結構に気楽に暮らさしてあるぞよ。そう申しても世間並みの気楽さではないぞよ。なかなかいろいろと肉体について人に変わりたことがさしてありたぞよ。

二十八歳の冬から五十七歳まで三十年の間、人民界では誰もよう堪らん艱難苦労をさして、現世の衣を脱がして御用に立てたぞよ。

五十七歳の正月元日から、艮の金神が体内へ這入りて、今年で二十七年の間神界の経綸で筆先を書かせ、口で世の立替えを知らしたぞよ。

いつも三十年で世の立替えと致すと申して知らしたことが、モウ一分になりて、跡三年残りたなれど、水も漏らさぬ仕組であるから、三年の間は、変性女子の手を借りて立替え立直しの御用を致すから、これからは一日ましに世界から判りて来るから、何ほどの鼻高でもなるほどと往生をいたすようになりてしまうぞよ。

変性女子は神界の経綸で明治四年の七月の十二日にこの世へ出して、二十七年の間は、これも普通の人民ではできぬ苦労を致させ、二十八歳の二月九日から、神が高熊山へ連れ参りて、身魂を研かして、世の立直しの御用の経綸が致してあるぞよ。

二十八の歳からこの大本へ引き寄して、あるにあられん気苦労を致さして、いよいよ身魂が研きかけたから、三十九歳からボツボツと大本の経綸にかからしてあるが、この先まだ十年の気苦労を致さすから、その積もりでおりてくだされよ。

三年さきになりたら、余程気を付けてくださらぬと、ドエライ悪魔が魅を入れるぞよ。

辛の酉の年は、変性女子に取りては、後にも前にも無いような変わりたことができて来るから、前に気を付けておくぞよ。外国から今に六カ敷い難題が持ちかけて来るが、今の番頭の弱腰では、到底よう貫かんぞよ。これも時節であるから、何ほど知恵学がありても今度は一文の価値も無いから、日本の人民が揃うて改心いたせば良し、到底改心ができぬなら、止むを得ず気の毒が出来いたすぞよ。

世界の九分九厘が近よりて来たぞよ。一厘の仕組で三千世界を立直すのは、綾部の大本よりほかには無いぞよ。今この仕組が日本の人民に判りたら、三千年の神界の仕組が成就いたさんから、今の今までは誠の元の一厘の所は申さんから、疑う人民はまだまだあるぞよ。

富士と鳴戸の昔からの経綸が判りて来たら、世界は激しくなりて、がいこくが薩張り帰順いたして、日本へ末代従うようになるぞよ。

東京の経綸はミノオワリ、尾張の経綸は世の終わり、伊勢は丹波に丹波は神都、みやこの経綸は万古末代つづくぞよ。続くちすじは世の本の天と地との直系の日の大神と地の神、天地揃うて水晶の誠一つの末永き結構な神代に致すぞよ。

神代になりたら、人民の身魂にも御光が刺すぞよ。暑さ凌いで秋吹く風を待てど、世界は淋しくなるぞよと、今まで出口直の筆先に知らしておいたが、今がその時節であるぞよ。

まだまだ世界は安心な所へは行かぬぞよ。これからが彦火々出見の始まりであるぞよ。目無堅間の神船はこれから出て来るぞよ。水火地の大名は何処に現れておるか、これを知りた人民今に一人も無いが、灯台元暗しの譬えの通りの世であるぞよ。

艮の金神が明治二十五年に、竜宮館に出口の守と現れた折の初発に、竜宮の乙姫殿がお越しなされて、今日の御祝儀お目出度存じまするとおっしゃって、今まで海の底に溜めておかれた御宝を、陸の竜宮館の高天原へ持ち遊びて、艮の金神様にお渡し申すと仰せになりたが、海の中には金は幾何程でもあるから、竜宮様の御改心で今度はいよいよ受け取りて、新つの金を吹く時節が参りたぞよ。

この世一切のことは皆神の自由であるから、何ほど人民が知恵や学で考えても、神の許し無きことには、肝腎の艮めを差すということは、いつになりてもできは致さんぞよ。

竜宮の乙姫殿は誠に欲の深い御神様でありたなれど、今度の二度目の世の立替えのあることを、世の初発からよくご存知であるから、第一番に御改心ができて、艮の金神の片腕となりてお働き遊ばすから、これからはこの大本の内部も、世界も日増しに大変わりを致すぞよ。

三千世界の宝は皆国常立尊の拵えたものばかりであるから、世が元へ戻りて、何もかも艮の金神が自由に致す時節が参りたから、今までのことを思うて頑張りておると、スコタンを食うことになりたぞよ。人民の力で行れるなら我を出して何なりと行りてみよれ、初めはチト良きようにあるが、先へ行くほどつまりて途が無くなりて、行きも帰りもならぬように致されるぞよ。これが今までの世とは違うと申すのであるぞよ。

珍しきことを致して、三千世界の善の鏡と悪の鏡とを出す世界の大本は、何彼のことが厳しくなるぞよと申してあろうがな。キカねばキクようにして改心さすと申してあるが、今が大事の性念場であるから、心に当たる人民は一日も早く我の欲を捨てて、神界の御用第一に致すが結構であるぞよ。神は困らねどその人が可愛そうなから、神がクドウ気を付けておくぞよ。

今の人民は永らく体主霊従の中に染り切りておりたから、容易一寸には改心ができにくいなれど、モウ時節が来たから、改心さす間が無いから、今までの学や知恵を横へ遣りておいて、只一心に神の申すように致されよ。考えたり研究いたしたりするような気楽な時ではないぞよ。

モウ二進も三進もならぬ所まで、世が差し迫りて来ておるぞよ。何ほど道のためじゃ御国のためじゃと申しても、誠生粋の道思い国思いの人民は少ないから、人民の申すことは嘘が多いから、神もなかなか油断ができぬようになりて来たぞよ。

今の人民の欲に抜け目の無いのには、神も閉口いたしておるぞよ。利己主義の行り方ばかり致しておると、それが世が代わりておるから、自滅自亡の種になる二度目の世の立替えであるぞよ。

この大本の行り方と世界とを比べて見たら善と悪との鏡が出してあるから、改心せずにはおれぬことにしてあるぞよ。

世の立替えが始まりたら、世界は上り下りで騒がしくなると申してありたが、がいこくの王の今の有様、まだまだこんなチョロコイことではないぞよ。どこへ飛び火が致そうも知れんぞよ。

それで永らくの間、艮の金神が出口直の身魂を使うて、脚下へ火が燃えるぞよ、鳥がたつぞよ気を付けよと申して知らしたが、日本の人民は上から下まで欲ばかりで目が眩みてしもうておるから、今に判りておる人民が何ほども無いが、今になりてからバタ付いても、モウ守護神人民の力では到底叶わんから、艮の金神の申すように、今までのような利己主義の精神を立直して、水晶の生まれ赤子の心になって、今度の肝腎の御用を勤めたなら、末代名の残る結構なことができるなり、今までの心で行りて行くなら、十人並みのお出直し、誠に気の毒なことが出来いたすぞよ。神の申すこと毛筋も間違いは無いぞよ。

大本の役員信者一同に気を付けるが、今が何より肝腎要の性念場であるぞよ。早く眼を覚ましてくだされよ。

がいこくの体主霊従金銀為本之政策で、いつまでも世が続くように思うて、一生懸命にけものの守護神が操掻いでござるが、モウ世が済みたから、何ほど骨を折りてみた所で、百日の説法屁一つにもならぬぞよ。

猿も狐も狗も蛙も皆奥山に隠れてしもうて、今の体主霊従の経綸の真最中であるが、気の毒ながら日本の神国の行り方はけものの手には合わぬから、要らぬご心配は止めてくだされよ。

武蔵野に今は狸の腹鼓たたいて鳴らして、八畳敷まで広げた〇〇の跡の始末はどうする積もりか。人民ではこの終局は就くまいぞよ。日本の神国をここまでけものが曇らしておいて、まだ飽き足らいで今日の世の持ち方、神はモウ肝忍袋の緒が切れたぞよ。日本の上に立ちてがいこくの下を働くけものの守護神よ、気の毒ながら、神の申す間に聞かぬと、昔からの経綸通りに気の毒でも致さねば、神界の永らくの大神業の邪魔になるから、その仕組の蓋を開けるから、跡から神に不足は申してくださるなよ。神は気を付けた上にも気を注けてあるぞよ。

この大本の役員も余程しっかり致さぬと、まだ肝腎の仕組が解りておらんから、俄にバタ付かねばならんことになるが、それで大本の役員と申しても世界へ申し訳の無いことが出来いたすぞよ。出口直が上天いたしてからは、この大本は一段に厳しくなるから、その覚悟でおらぬと、トチメンボウを振らねばならぬことになるぞよ。筆先を充分腹へ入れてよく消化しておらぬと、筆先が間に合わぬから、モ一度念を押しておくぞよ。

艮の金神はこれからしばらくの間は、大出口直の代わりに変性女子の身魂を籍りて、色々と化かして御用致さすから、余程気を付けておらぬと大きな取り違いを致して、跡で愧ずかしきことが出来いたすぞよ。三千世界の大化物じゃと申して、これまでの大出口直の筆先に毎度出さしてあろうがな。この大化物が全部世界へ現れる時節が近うなりて来たぞよ。

神が一度筆先に出したらいつになりても違いは致さぬぞよ。この大化物は三千世界の晒し物であるから、今の普通の人民では見当が取れんように致してあるが、今に何も彼も皆判りて来て、日本の人民がアフンと致して、眼舞いが来る者が沢山に現れて来るぞよ。珍しきことの判る世界の大本であるぞよ。世は持ち切りには致させんと申すのは、今度明白に判りて来るぞよ。

がいこくの八尾八頭の守護神が、渡りて来られんはずの日本の神国へ渡りて来て、日本を自由に致して、今では機械同様、神は誠に残念なぞよ。これでも見ておざれよ、今に善悪の身魂の審判が始まるぞよ。天王台の神庭会議が始まりたら、如何な守護神でも薩張り尾を出して、化けの皮を表すようになるぞよ。そうなりては可愛想なから、そこになるまでに改心をさして、化けを表さずにこのままで続いて行らしたいと思えども、あまりのことで改心のさせようが無いぞよ。思いの違う人民ばかりが現れて、世界は開いた口が塞がらぬことばかり出来するぞよ。これの判りた人民今に無いぞよ。

艮の金神 国常立之尊が三千年の経綸いたして、待ちに待ち兼た松の代五六七の神代が回りて来たから、今年からは何彼の経綸の蓋が開いて、何も知らぬ世界の人民がアフンと致すような大事業が完成て来るぞよ。

一番にこの大本へ世界の宝を竜宮殿の御手伝いで世に上げて、三千世界を鳴らすぞよ。松の老木に鶴が巣を組む時節が来たぞよ。鶴と亀とがこの大本へ舞い下るぞよ。人民には今では判らねども、跡になりたら判りて来るぞよ。十二の卵を産み並べ、名も高砂の尉と姥、夫婦揃うて大地の掃除を致したら、跡は結構な言うに言われぬ楽しき世となるぞよ。

この大本は因縁の身魂でないと、何事も肝腎の御用は致させんぞよ。

気の毒でも身魂に改心ができねば、天地の規則はナンボ神でも変えるということはできんから、助けようが無いから、神が気苦労致せども、守護神とその人の心とは世の元の神の心と正反対であるから、どう致すこともできぬぞよ。

暑さ凌いで秋吹く風を待てど、世界は淋しくなるぞよと申して、毎度警告しておいたが、世界の大戦争が一寸片付いて、これから世界の人民は安神に暮らせると思うておれど、これから先は段々と約りて来て、世界は淋しく、一旦は火の消えたようになるとの神言でありたぞよ。

戦争はこれで済みたのでは無いぞよ。戦争と申しても殺し合いの喧嘩ばかりでないぞよ。何につけても大戦争であるぞよ。少しでも食物の用意を致さねば、後で地団太踏んでも追い付かぬことになるぞよ。けものの餌の奪り合いが始まりて来るぞよ。未と申とが腹を減らして惨たらしい酉やいが始まるぞよ。

今まで世界の人民の苦しむ大戦争を喜んで、結構なことになりて金銀を積んで高振っておりた人民は気の毒ながら、真逆様に地獄のドン底に落ちて苦しむぞよ。我欲本意の行り方では永うは続かんと知らしてありたことの実地を神からして見せてやるぞよ。これを見て世界の人民は一時も早く改心を致されよ。

我の所有は天地の間に木の葉一枚も無いぞよ。頭の毛一筋でも下駄の裏に付いた砂一つでも、神が造りたものであるぞよ。今の人民はあまり結構すぎて冥加ということを知らぬから、世の立替えの折には、天地からの戒めに逢うて驚愕いたして、頭を下に致して歩行かねばならぬように今になりて来るから、艮の金神はそれを見る眼が辛いから、明治二十五年から大出口直の体内を借りて色々と苦労をさして、世界の守護神と人民とに気を付けたのでありたぞよ。

今この大本へ色々と世界の心になりておりた体主霊従の守護神を、神から引き寄せておるから、大本の役員はご苦労であれども昔の事から後の世の事まで説き聞かして改心さして、神世の柱を研かねばならぬから、第一に役員から水晶になりてくださらんと、一寸でも濁りがありたら、世界から出て来る守護神人民を改心さして、神の柱に用うことができんから、片時の間も早く誠を覚りてくだされよ。

判りたと思うてもまだまだなかなか誠のことは解りてはおらんぞよ。ここで役員が誤解を致すと、三千年の永らくの経綸が遅れて来て、世界は遅れただけは永らく苦しまねばならぬぞよ。

この大本は世界へも移り、世界からも移りて来るから、大本の中からキチンと立替え立直しを致して、アレでならこそ世界の立直しの大本じゃと、世間の人民が申すようになる所まで、各自に身魂を研いてくだされよ。モウ時節が迫りて来て、改心の間がないぞよ。大地の上は邪神の眷属やらけものの守護神に脚一本置く所も無いまで汚されてしもうて、昔の天地の元の生神のおる所も無いようになりたから、綾部の大本は昔から神の経綸で隠してありた結構な所であるから天地の神が昇降を致して今度の二度目の天の岩戸を開く地場であるから、塵一本でも無いように清らかに致してくだされ。

今までは誠の元の生神は、丹後の男島女島と播磨の神島とに隠れて、三千世界の守護いたしておりたぞよ。時節参りて天の大神様の御命令を頂きて、竜宮館の高天原に現れて、水晶の世の御用を致すのであるから、人民はなおさらこの大本へ引き寄せてもろうた人民は、余程心を清らかに持ちて、善の道へ立ち帰らぬとウカウカ大本へ参りて致しておりたら、御神徳いただくどころでない恐いことができて来るぞよ。

これからは神は日増しに烈敷くなるぞよ。人民も改心せずにはおられんようになるぞよ。この大本は誠に結構な所の恐ろしい所であるぞよ。大化物が隠してあるぞよ。この化け物は普通の化け物でないから、現れたら心の悪き守護神人民は腰が抜けてしもうて、四ツ這いになって苦しむぞよ。

この大本には三千世界の大化物が表れて、世の立替え立直しの神界の御用を致しておるから、普通の人民の眼からは見当は一寸取れ難いなれど一分一厘間違いないぞよ。

神から見れば今の日本の人民は、言うこともすることも皆間違いだらけであるぞよ。それで今の人民の致すことはチットも尻が結べておらぬから、いつも縮尻るのであるぞよ。毎日毎夜嘘つくことばかり勉強いたして、これが文明開化世の行り方と申しておるが、今の人民の致したことは、政治によらず教育によらず、何一つも碌なことはできてはおろまいがな。それで日本神国の人民と申されようか、判らぬと申してもあまりであるぞよ。がいこくじんに自由自在に致され、眉毛の数まで読まれておりても、まだ気が付かず、ケツのケまでも抜かれてしもうておりながら、まだ眼尻を下げて歓んでおるという、今の日本の〇〇〇〇の体裁、開いた口が塞がらぬと申すのは、此所のことであるぞよ。今に脚下から唐土の烏がたつが判ろまいがな。

梅で開いて松で治める、竹はがいこくの守護と致して、万古末代世界中を泰平に治める経綸の致してある、神国の○○と人民が何も判らんとは、惨いことに曇り切りたものであるぞよ。これから三千年の経綸、竜宮館の玉手箱を明けのカラスと致して、日の出の守護に掛かるから、日本の守護神の内にも大分慮見の違う御方ができるぞよ。明治二十五年から艮の金神が無間の鐘を掘り出して、地の高天原で変性男子と女子の身魂が力限り根かぎり打ち鳴らして、世界の守護神人民に警告せども、なまくらか一人も誠の者が無かりたなれど、大正五年の五月に、五六七の大神様が大本へ御降臨あそばしてから、余程判る人民が大本へボツボツ参りて来るようになりて、今では世界の大本と申しても、あまり恥ずかしうないようなれど、神から見れば、まだまだいろはのいの片方までも判りてはおらんぞよ。この節分を堺といたして、ソロソロと経綸の玉手箱を開けるから、浦島太郎の日本男子よ、腹帯を確りと〆てござれよ。

今まで一生懸命になりて善と思うて歓んで致して来たことが、薩張り煙となって消えてしもうから、了見の違う守護神人民が大多数出現ぞよ。今の人民の精神の持ち方では、余程改心致さんと、日本男子の桃太郎殿も、何ほどかしこい猿知恵でも、何ほど強い犬を使うても、雉子長泣女の先導でも、鬼が島の征伐が六カ敷いぞよ。正反対に鬼に征服れるようなことになるぞよ。

変性男子と変性女子の尉と姥の申すことが、耳へ這入らぬようなことでは、日本の神国は到底も立ちては行かぬから、神は昔からこの世が来るのが能く判りておりての、三千年の永い経綸であるから、せめては大本の教えを一口なりと聞いた守護神は、その覚悟を致して、神界の御助けを致してくだされ。神は取りもぎには致さんぞよ。今度日本が潰れたら世界中が暗黒となりて、悪神の自由になるから、この暗き世を、天照らす皇大御神の神の子が、日本の国の光を現して世界を照らさねば、天地の祖神様へ申し訳が立たぬことになるぞよ。

日本の人民は天の大神様の分霊なり、肉体は国常立之尊の守護であるから、人民は神と同じことであるぞよ。この結構な神の御宮の玉を追い出して、薩張り悪神やらけもの住宅に致されておるのであるから、今の人民の所作柄と申すものは、サッパリ鬼か蛇かちくしょうにも劣りておるぞよ。それで今の人民の致すことは、逆様ばかりよりできは致さんのであるぞよ。それで今度は天と地とを拵えた元の生神が、綾部本宮の世の本の地場に現れて、今度の世界を構うて遣らねば、いつまでも天下泰平にはならんから、経と緯との機織の仕組が世の元から致してありたのじゃぞよ。

機の始まり丹波の綾部、あやの神戸にあるわいなと、昔から歌が遺してありたのは、今度の世界の立替え立直しについての譬えであるぞよ。経糸はモウ出来上がりて天へ上がりたから、これから先は変性女子がご苦労なれど、緯糸をかけて棚機姫殿の御用を致さすのであるぞよ。珍しき機の仕組であるぞよ。

二十七年に渡りて、艮の金神が出口直の手と口とで知らしておいたことの実地が今年から判りて来るから、この大本は何彼のことが忙しくなりて、目の回るごとくになるから、モチト役員しっかり致して、神界の忙しいように、人間界も急いで御用いたしてくだされよ。一日が愚かでないぞよ。片時も早く人間界でできるだけの仕組にかかりてくだされよ。

今の大本の立ち回りの人民あまり気楽過ぎるぞよ。こんなことで神界の御用にはならんぞよ。我一と骨を折りて勤め上げねば今の立ち回り心が緩みておるぞよ。怠惰な人民が一人でもおると何彼の一切の邪魔になるから、可愛相でも暫らく成就するまで控えさしてくだされよ。

大本の上の枝に頼むぞよ。今の大本にはがいこくの御魂は寄せられんぞよ。十日も大本に居りて、まだ神のことが解らいで疑うような人民は帰らすがよいぞよ。かえって神界の仕組の邪魔になるぞよ。一寸でも邪魔が這入りただけは、神界の経綸世の立直しが遅れるから、一日でも遅れただけは世界が苦しまねばならぬから、大本の上の枝になりた役員は遠慮は要らぬから、ビシビシと筆先通りに致してくだされ。今が一大事の時であるぞよ。

出口直の神影は金銀取りては下げられんぞよ。神界に伺うて許可を請けてからでないと、売り物に致したら厳しき戒めがあるから、一寸気を付けておくぞよ。出口直の神影には人民の名を出すことは相ならんぞよ。これは変性女子の御用であるから、神影は神が憑りて書かすなれど、女子の身魂は日増しに忙しうなるから、因縁のある身魂にお手伝いを許すぞよ。神の姿は何ほど大事の役員でも妄りに筆を執られんぞよ。よく心得ておりてくだされ。教監役員に気を付けておくぞよ。
大正七年十二月二十二日、旧十一月の二十日、竜宮館に女子の体内を借りて
国常立尊が書きおくぞよ。

大正七年十二月二十五日

艮の金神 元の国常立之尊 変性男子の御魂が、下津岩根の高天原に現れて、世界のことを書き知らすぞよ。
東の国は一晴れの実りの致さぬ薄の〇〇、実り致さな国は栄えぬぞよと申して、今までの筆先に毎度繰り返し繰り返し知らしてありたことの、実地が近うなりて来たぞ

よ。○○の天津御空には黒雲塞がり、地には泥水溢れて、人民の憂瀬に沈み苦しむ者は数知れず、餓鬼ちくしょうの今の世の有様、誠の神なら之を依然として高見から見物いたしてはおれん筈なれど、今の世に出ておれる方の守護神にも、誠の日本魂の臭いも無いから、その日暮らしの今の世の持ち方。これでも日本神国の神と申されようか。力量が無いと申しても無経綸と申しても余りでないか。

一日前の世界の出来事も判らんような暗い御魂では、世界どころか、小さい日本の国だけでも治めることは出来ぬでは無いか。何も彼も一切万事が行き詰りてしもうて、進も退りもならぬようになりておりても、未だ心が賤しいから、大事に抱えて能う放さん厄介な守護神ばかりであるが、がいこくに彼れだけの見せ示がしてありても未だ気が付かぬか。岩を抱いて海へ這入る様なことばかりいたしておるが、神界の誠の生神の目からは危険うて見ておれんぞよ。

日本の国の上の守護神よ、確り致さんとハラが今に破れて、三千世界の恥晒しにならねばならぬようなことが、内と外から持ち上がるぞよ。根本から曇り切った鏡には神の申す誠の姿は写るまいなれど、どこまでも神は人民を助けたさにクドウ知らしてやるぞよ。これで聞かねばモウこの先に何事が突発て来ても知らんから、神と出口に後で不足は申してくださるなよ。モウ何も知らんぞよ。ナズナ七草の用意を早く致しておかぬと、今に唐土の鳥が渡りて来るぞよ。唐土の鳥は羽が強うて口嘴が長く鋭いぞよ。脚も長いし数もたくさんにあるぞよ。日本の鳥は余程しっかりと神力が無いと、天空から蹴り落とされるようなことが出来いたすぞよ。

鵲の橋が落ちかけるから、神が守護は致しておれど、日本の守護神の改心が遅れたら、一旦はどうなろうやら知れんから、神が心を苦しみて、日夜の守護を致しておれど、日本の神にも守護神にも今ではチットも気が付かんぞよ。五十鈴の瀧が濁って来たぞよ。川下の人民がこれからは可愛相であるぞよ。時節参りて綾部の大本竜宮館の高天原から水の御魂が現れて、濁り水を澄まして、水晶の流れに付け代えて、世界の人民を泥から助けて、誠の神の身魂に清めて助けるぞよ。じゃと申して心の直らぬ人民は、助けるということはできんぞよ。

世界の難儀を幸いに致して、膨れた袋鳥は袋が破れ、腹が引き裂け、夜食に外れてアフンと致して開いた口は閉さがらず、六カ敷い顔を致して泡を吹くのは、今目の前に出て来るぞよ。欲に迷うて慢心いたすとその通り、誠に気の毒なれど、各自の心からであるから仕様はないぞよ。

今にせっかく造りた立派な巣を潰すようになるぞよ。上から下まで大きな間違いができてくるぞよ。天が地になり地が天となるぞよ。天災地妖が続いて起こるぞよ。目も鼻も口も開かぬようなことが来るぞよ。餓鬼が段々殖えるぞよ。思わぬ国替えを致す人民も沢山あるぞよ。段々人気が悪なるばかりであるぞよ。米は段々騰貴るばかりで、何ほど金銀出しても手に入らぬことになるぞよ。用意が肝心であるぞよ。日本の上の守護神に気を付けておくぞよ。

大きなものは一時にバタバタと潰れてしまうぞよ。広い城の馬場で俄の天狗風が吹き出すと、合羽竿の爺さんもハラをもむなれど、到底人民力では治まらんぞよ。狼狽え騒いだその上ケ句の果てが、堀へ落ち込み土左衛門となるのが定まった道筋、どこに一つも重い押さえが無いから、ドウにもこうにも始末が付かんようになりて来るぞよ。神が構うてやらねば治まりは付きは致さんぞよ。日比谷ケ原へ何ほど糞蛙が集まって喧しう鳴き立てても、この天狗風は防げんぞよ。目の無い千鳥彼方へヒョロヒョロ此方へヒョロヒョロ、兵糧尽きまわってトコトンの果ては、手の鳴る方へ頼らねばならんことになるぞよ。手の鳴る方は神の大前ぞよ。神は天地を拵えた肉体の今にそのまま生きておる元の生神、国常立之尊であるぞよ。

大正七年十二月二十五日冬至の日、変性女子の手を借りてしるす。

大正七年十二月二十四日（旧十一月二十二日）

三千世界の大本、地の高天原は大正七年午の年、教祖の神は神馬にまたがり、天地を駆け回りての世界のご守護遊ばすを、待ちに松なる鶴の首、馬で納めて綾部と神戸の機の仕組もでき上がり、目出度く坤の姫神が豊国主と現れて、世界の守護に掛かるぞよ。未年には未の生まれ、百千万の敵も恐れぬ変性女子と現れて、弥々晴れの舞台に登るぞよ。

丹波の国の山奥に、角無き鬼が現れて、摺針峠の鉄棒で、世界の亡者を片端から打ち懲らして改心をさせるなり、また和知の流れに引き添うて一つの鰐が首を上げ、世界の学者を食い殺し呑み込んで、世界の害を除かせる仕組の実地が出て来るぞよ。三十年の世の立替えの御用も、最早後三年に約まりてきたから、これからは段々と激しく物事がなりて来るから、改心する身魂も追々と出て来るぞよ。時節が来たぞよ迅いぞよ。大本の経綸の一の土台は、天王平の一の瀬の奥津城、これから段々開けて来るぞよ。体主霊従の行り方を薩張り改心いたして、神界の御用いたさすために、地の高天原へ引き寄せるぞよ。

今ではこんなこと書いて出しても人民には見当は採れんなれど、後から判る仕組であるぞよ。陸の竜宮の宝が十二揃うて大本へ治まるぞよ。この宝が大本へ納まらぬと、世界の立直しの経綸は成就いたさんのであるぞよ。人民の目からはなんでもないように見えるなれど、神界では結構な経綸の御宝であるぞよ。天地の間にモウ一つと無い結構な御宝であるから、この御用いたした守護神は、復旅の政蔵と申す御魂であるぞよ。明治二十五年から筆先に出してありた通り、この人の身魂が御宮仕えの御役を致すぞよ。これも御魂の因縁で、神からさすのであるなれど、慢神が出たら途中で変わるから、なんぼ神から命令の下りた身魂でも油断は一寸もできんぞよ。

明治三十一年の旧の二月に、変性女子を高熊山へ連れ参りて、伊都の御魂から瑞の御魂に渡しておいた三千世界の神宝であるぞよ。この宝が大本へ這入りて来るから、坤の金神が受け取りて、それぞれの経綸を致すのであるから、何事もビシビシと埒があいて行くぞよ。それについてはこの大本の中はこれまでとは厳しくなるぞよ。

大本の仕組は、世の元の根本の天地の生神が肉体そのままでいたしておるのであるから、今までの宗教の行り方とは天地の相違であるから、大本の中はこれまでとは厳しくなるぞよ。間違うた行り方いたしておる大本の分社は今度は皆取り払いに致すぞよ。役員も信者も皆その通りであるから、早く改心いたしてくだされ、神から重ねて警告しておくぞよ。

神が一度筆先に出したらそれが天地の規則であるから、万古末代かわらぬのであるから、何ほど可愛相でも神の自由に天地の規則は枉げられんぞよ。

○

艮の金神 国常立尊 変性男子の宿りておる大出口の守が神界の御用 地の上の守護が一段片付いたから、後の御用は変性女子 坤之金神の身魂に地の上の御用一切を渡して天へ上がりて惟神真道弥広大出口国直霊主之命と現れて、天地をモ一度調査いたしてみれば、思うたよりも一層甚い世の乱れ方であるから、チョロコイ戒めくらいでは今の守護神、人民は到底改心はできんから、矢張り昔からの経綸通りに致さな容赦のできんことになりてしもうておるぞよ。

それでも世界の守護神人民は天地の直々の神の子であるから、一日なりと立替えの大峠を延ばして、改心さして助けたいと思うて汗を掻いて神はおれども、人民には一寸も神の精神が了解りておらぬから、誠に困ったものであるぞよ。万物の霊長と申しておる人民でありながら、何を言うて聞かしても天地から見せ示を致して気を付けても馬の耳に風同様、モウ神も堪忍袋が断れるぞよ。

大出口の神と現れて天からこの世を見渡せば、どこも同じ秋の夕暮れ、霜先の烈しき状態、口で言うようなことではないぞよ。奥山の谷の奥深き人民のよう行かぬ所で、けものと一つになりてジャレておりて、国が立とうが立つまいが、チットも念頭に無いというようなことで、ドウしてこの神国は治まりて行くと思うか、神は残念なぞよ。今の中に守護神肉体が改心して、神国の一の行い致してくだされば結構なれど、いつまでもけものの自由に致されておれるようなことなら、神は是非なく一限に致して、新つの松の世に致そうより仕様は無いぞよ。

千里万里の奥山に住む山の神の精神が悪いから、雌鶏の時を告げる世であるから、世界に誠のことは一つも出来いたさんぞよ。何ほど守護神に気を付けても改心いたしてくれねば、神界から止むを得ず処置を付けることに致さなならんから、どうなりても神を恨めてくださるなよ。日本の一の守護神にくれぐれも気を付けるぞよ。

立替えが始まりてもなるべくは今の姿のままで立替えをいたしてやりたいのが神の胸一杯であれども、あまり曇りようが惨いから艮めは矢張り昔からの経綸どおりに尉と姥とが現れて松の根本の大掃除を致して、天に届いた高砂の古き松樹の植え直し、末代続く神代に代えてしまうぞよ。開いた口が塞がらぬ、牛の糞が天下を取ると申すのは、今度のたとえでありたぞよ。

大正七年十二月二十六日（旧十一月二十四日）

坤の金神豊国主之命が変性女子の手を借りて世の立替え立直しの神言を書きおくが、今度の二度目の天之岩戸開きは神界でも大事業であるぞよ。

何事も神界ばかりでは地上の立直しはできぬから、阿直王仁の身魂をこの世へ現して、三千世界を修理かえて、新つの松の五六七の神政に致すについては、大出口直は若姫君命の御魂と一つになりて、上天致して、天の大方を修め、また地へも下りてこの地の上の立替えに掛かるなり、変性女子は地の高天原に鎮まりて、出口王仁の肉体を使うて、地の世界の立直しに掛からすぞよ。

それについては女子の身魂に七歳の時から坤之金神が引添うて、世界の塩踏みがさしてあるぞよ。十一歳の七月十二日に初めて帰神に致して、天眼通、天言通を授けて、十三歳の七月十二日から言霊の応用を教えて、神が色々の不思議をさしてみせたなれど、丹波の穴太というような草深い田舎のことであるから、誰も身の上を分けてくれるものは無く、ただ村の人民は不思議な少年じゃと噂をいたすばかりで、女子の両親も神界のことを申すと大変に立腹いたして家には置かぬと申して、幾度もほり出したことがあるぞよ。

仏法の隆盛な土地であるから、親族株内近所の人々が大変に心配いたして、それほど神様ぐるいになりてしもうては先祖の後が継げぬ。我が村には神道は一戸も無いのに、村に反対の神道に凝るならこの村にはおりてはもらえんからと申して、四方八方から攻め立てられ、止むを得ず小学校の助教師を勤めさされたのは、女子が十四歳の時でありたぞよ。

十四歳の時、小学校の教員室で一生懸命に神道の話を致しておりたら、上級の教員山本と申す亀岡生まれの僧侶の教員と大きな衝突ができて、それがために小学校を退くことになり、十五歳の秋から隣家の奉公人となり下がり、一カ年余り無事に勤めた折、村人百三十五戸と女子の父、上田吉松と公事が突発いたして、九死一生の父の難儀を救うために奉公を辞し、直ちに宮垣内の父の家に帰り、村人を相手に二三日対抗の結果、邪は終に正に敵し難く、上田家の大勝利と一旦はなりたなれど、多勢に反対を受けた上田の家は忽ち生計に大困難を来たし、親子七人路頭に立たねばならぬ所まで苦しみたなれど、誰一人として同情する者は無く、貧乏は一入甚くなり、世間の人情の紙よりも薄く、氷よりも冷たきを悟りた変性女子は、朝に夕に産土の神に参拝致し、弥々信念は岩のごとくに固まりたなれど、その日暮らしの上田の家では神様ばかりに仕えることもできず、父子が荷車曳きとなってその日の細い煙を立てておりたのも、神界から変性女子の御魂を今度の二度目の世の立直しの御用に使うために神界の深い経綸で、わざとに田舎の貧しい家に生まれさして、種々の艱難苦労をさしたのでありたぞよ。

何事も皆神から知らず知らずにさせられるのであるぞよ。女子が十八歳になりた春、丹波国大枝坂の梨の木峠で、神界からの経綸で霊学中興の偉人、本田九郎親徳に途中に対面いたさせたのも、皆神の経綸の引き合わせでありたぞよ。それから変性女子の身魂にそろそろと敬神行為の自由を神界から赦したから、両親も親族も近所株内も、いつとは無しに邪魔を致さぬようになりたぞよ。何事ができるのも皆神の経綸であるから、時節の来ぬ間に、何ほど人民の心で焦慮りてみても何一つ思うように行きは致さんのであるぞよ。

それから女子が二十三歳になりた夏から、獣医と牧畜の事業に就事して身魂を研かしてあるぞよ。二十八歳の春までに、神界から色々の苦労艱難をさして、何事にも驚かぬように幾度も生命の危うい修行をさしてあるから、今は何事が出来いたしても微躯とも致さぬ身魂に研けたから、明治三十一年の二月から弥々神界の誠の修業に掛からせたぞよ。

二十九の年から綾部の大本へ引き寄して、また改め十年の修行をさして、身魂を水晶に洗うて、神界の経綸をボツボツと申し付けてありたが、女子が弥々三十九の歳でありたぞよ。

今年でまた十年目になりたから、七月の十二日から七十五日の身魂の三度目の大洗濯を致して竜宮館の誠の御用に使うようになりたから、変性男子の御魂と、変性女子の御魂とが、天と地と二つに別れて世の立替えは男子が天地へ昇降いたして守護をするなり、女子は地の高天原に豊国主之命と現れて、地の世界の一切の立直しを致す御役と定まりたから、百千万億人の敵でも百千万億の悪魔でも、チットも恐れん身魂となりたから、世界に何事が出来いたしても綾部の大本の許しの無きことは、ドンナ小さい事業でも我では行かぬ神政に変わりて来たぞよ。我で行くなら何なりと人民の力で行りてみよ。八九分までは行くなれど、肝心の艮めが刺せんぞよ。これが世が変わりておるのであるぞよ。

天地の間は八百万の金神が守護いたすなり、天地の主宰神は大国常立之命であるぞよ。坤の金神は奥の役であるから、地の一切を主護いたして、天地が揃うて水晶になりたら、天の御先祖様にお還し申して、五六七の神代 末代動かぬ松の世と致して、天上天下は清浄太平に治まるのであるが、モウ時節が近寄りて来たから、一人なりとも早く改心いたして、日本人だけの誠の行いを致してくだされよ。日本は結構な国であるから、日本に生まれた人民は神の御用ができる身魂に元から拵えてあるのであるから、勇んで身魂を研いて何彼の御用を我一と致してくだされ。綾部の大本には変性男子の身魂と女子の身魂とが現して、世界の鏡が出してあるから、この鏡に我の姿を移して、一日も早く世のため国のためにそれぞれ身魂相応の活動をいたしてくだされよ。神界は何事も皆帳面に記してあるから、滅多に使い棄しには致さぬから、安心いたして、今までの体主霊従の心を入れ替えて、何なりと経綸の助けを致してくだされ。

いつまで鎮魂や帰神の修行を致しておりても、実地の行いを致さねば、神界の手数を掛けるばかりで、この通りに世が迫りて来ておる二度目の世の立替えの邪魔になるばかりであるぞよ。誠さえありて神の申すことが一度に解る人民の御魂でありたなら、鎮魂や帰神の修行は要らぬのであれども、一度で解らぬ疑いの深い人民のために、この大本で神が手数を掛けておるのであるぞよ。今の人民程困りたものは無いぞよ。天地の先祖の生神でも今の人民の解らぬ身魂には困りておるぞよ。

大正七年十二月二十六日、旧の十一月二十四日、坤の金神が竜宮館に現れて、変性女子の身魂を使うて書き誌しおくぞよ。

大正八年一月一日（旧大正七年十一月二十九日 水曜日 癸の丑 四方拝の日）

艮の金神 大国常立之尊の筆先であるぞよ。

この地の世界は旧でなければ作物一切は見当が取れんのであれど、新暦に致したため
に十五日にも真の暗がありたり、一日に満月がありて、天地の昔から定まりた規則を
破りておるから、地の上の作り物が皆虫が這入りたり、雨も降るべき時に降らなんだ
り、風が狂うたり、何一つ碌なことは出来は致さんぞよ。
今の日本の人民は年頭と申して祝い酒を飲んだり、餅を搗いたり、松竹梅を門に建て
目出度がりておれども、肝腎の天地の巡行に逆うておるから、天地の神々はあまり
歓びは致されんぞよ。
世の元の神の行り方は、月の神様を元と致した旧の月日でないと、誠の歓びと勇みは
無いのであるが、今の人民は何も判らぬからこんなことで天地の調和ができると思う

ておるのか、これが暗黒の世と申すのであるぞよ。

旧の正月元日は六合拝を致すのであるぞよ。六合拝と申すのは天と地との祖神を始め、東西南北の神々を拝礼し、上御一人に御礼を申し上げる神事であるぞよ。この大本の教えどおりに日本の人民が致すようにならぬと、誠の神国にはならんぞよ。これでも時節が参りたら天地の神が元の昔の神代の行事に立直してみせてやるぞよ。

悪い病の流行るのも豊作の取れぬのも、皆日本の上下の守護神が、天地の動かぬ規則に反対いたしておるからのことであるぞよ。朝の雪は晴れても人民の心に積る冷たい雪が解けねば、地の上は結構にはならんぞよ。大正忠臣蔵四十八霊の心の雪はまだ解けぬぞよ。この謎早く解けねば三千世界はユキ約りツマッて約らんことができるぞよ。

神国の松の神代が近寄りて、一の艮めは国の宮、御国を守る八重垣の神の社に鎮まりし、豊国主の大神と神素盞鳴の二柱、禁闕要の大神も、大地の底から現れて、木花咲耶姫神の天地和合の御守護で、弥々明かき火々出見の神の御言の世となれば、五日の風や十日の雨も揃いて賑わしく、人の心も清瀧の水の流れも美わしく、治まる神代の目出度さは、我が神国に天照り徹り、助け幸い生国と、上下揃うて梅の花、一度に開く楽もしき、永き神代を松が枝に、月冴え渡り天津日の影も豊かに茜さす、内外の国の神人が、心の鬼も打ち和め、世界一つに治まりて、天津日嗣の御稜威を仰ぎ敬い歓びつ、千歳の鶴も万世の亀も舞いつつ丹波路の、綾の高天に参集う、神の経綸ぞ尊けれ。

大正八年新一月一日　瑞の御魂

大正七年十二月二十七日（旧十一月二十五日）

艮の金神の筆先で大本内部の役員に気を付けるぞよ。

明治二十五年から変性男子大出口の守の身魂に苦労を致さして、二十七年の間神界の御用をいたさしてありたなれど、出口直が天地の冥加が畏ろしいと申して、何ほど厳しき冬の寒空にも、日に三度五度の水行を致して、その上に神の御用を勤めてくだされたなれど、何ほど寒うても火鉢一つ使うたことも、手を暖めて筆先を書いたこともなく、誠に慎みの良い身魂であるから、永らくの間大本の中の役員信者に鏡にして見せてありたが、今までの大本の役員は直が申すことや行状をよく呑み込みて、ミロクの行り方を致してくだされて、神の経綸も段々とできて来たなれど、誰も楽な方へ行き易いものであるから、今の大本の中の役員の行り方は、薩張り精神が緩みてしもうた、世間並みの行り方に逆戻り致しておるぞよ。

出口直は八十三歳になりても火鉢一つ抱えたことは無かりたぞよ。出口直を鏡に出して世の立直しの行り方が致して見せてありたなれど、今の大本の行り方と申すものは、若い者が火鉢を持たな何一つよう致さず、金竜殿へ修行に参る守護神人民はたくさんに火鉢を並べて贅沢な今の行り方、ソンナことでこの世の立直しの大本の修行は到底できは致さんから、冬の修行は火が無ければできんような弱い人民は、修行を止めて一日も早く各自の国本へ立ち帰らしてくだされ。

せっかく永らくの間大出口直に苦労さして、今まで築き上げたる教えの土台が転覆いたしかけておるから、神は誠に困りておるなれど、今の人民さんは鼻高が多いから、知らず知らずに慢神が出て、神の教えに背くようなことが出来いたすのであるから、余程大本の役員は隅から隅まで気を付けてくだされよ。

世界から参りて来る守護神人民はなるべくは外に宿めてくだされよ。大本の内部に宿まれるようになるのは、余程の研けた身魂でないと、誰でもこれからは構わずに宿めることはできぬから、堅う心得てくだされ。神界から一度筆先に出して気を付けたことは、早速に聞いてもらわんと、大変な邪魔になりて後悔いたすことができて来るぞよ。神界の都合が在るから、この節分からは修行者は一人も宿められんから、その覚悟を致してくだされ。役員信者の家で宿めてくださるのは誠に結構であるぞよ。

これからこの大本は神界の御用は段々と激しくなるから、国々から出て参る修行人を内部に宿めておるようなことでありたら、肝腎の神界の大事の経綸を、まだ訳の判りておらん守護神が生聞きいたして、却って仕組の邪魔を致すから、神の集合することもできぬ故、神の経綸が遅れて来るばかりであるぞよ。

この大本は地の高天原の竜宮館、神宮坪の内と申して、天地の元の生神の天地へ昇降いたす神聖な地面であるから、御地を踏むだけでも恐れが多い所であるのに、何も判らぬ守護神人民を神の座より上の二階に寝さしたり、広前に休ましたり、いつまでもそんなこと致しておりたら神聖な場所が汚れてしまうから、神が集まることができぬから、その心得にこの中の役員から改めてくだされ。

大出口直の身魂は国替えいたしたなれど、肉体の時よりは一層酷しくなるから、今のような行り方は到底赦されんから、節分限り大本に宿めることは止めてくだされよ。

この大本の立回り役は止むを得んから、今の内は大本で寝起きをさせて修行なり御用をさせるぞよ。

大正八年一月二日（旧大正七年十二月一日）

艮の金神　変性男子の御霊が、丹波国は南桑田郡曽我部村大字穴太の延喜式内小幡神社の御主神、開化天皇の御引き合わせにより、氏子の中の変性女子の御魂を申し受けて、明治三十一年の二月の八日に、何彼の因縁を打ち明けて、弥々氏神様のご承知ができたから、翌くる日の九日の夜から女子の身魂を高熊山に連れ参りて、帰神の修行を致させてあるのも、昔の神代からの経綸の時節が参りたのであるぞよ。その折には不二の山の芙蓉坊と、男山八幡様の松岡殿とに守護が命せてありたのであるぞよ。

高熊山で女子に神界から授けた、不思議な物は今度東京から大本へ納まりた十二の鶴石でありたぞよ。弥々時節が参りて来たから、実物を今日変性女子の身魂に授けて守護いたさすから、世界の国々の様子がこれからは今までの世とは一日増して変わりて来るから、この大本の中と世界とを気を付けて見ておると、何彼の神界の仕組が身魂の研けた人民でありたら大方の見当が付くようになるぞよ。

今はモチト筆先にも口にも肝心のことは出されんから、自己の心を研いて悟りた上、神界の生きた御用を致してくだされ。神界からは誰に何役彼にこの役と申すことは言わんから、その人の心次第の御用を致さすぞよ。

今度の大戦争は世の立替えの三番叟が済みたのであるから、モウこれで天下泰平に世界が治まるであろうと申して歓びておると、大変な大間違いが出来致すぞよ。これから後になるとろ国の悪神さえよう掘り出さなんだ竜宮の御宝を、今度は英米西大国が自由に致す仕組を致しておるが、この宝は今度の二度目の世の立替えの神の宝で、昔から隠してありたのであるから、体主霊従の国魂には自由には到させんぞよ。

金銀銅鉄水鉛石炭木材食物は、何ほどでも竜宮の乙姫が守護致して日の出の神に渡してあるから、肝腎の時には掘り上げて、三千世界の立直しに使うて、五六七の神代を建てるぞよ。寒い国ではあれど、今まで人民の自由に到さぬように、態とに寒い国の広い所に創造て蓄えてありたのであるぞよ。日本の人民も外国の人民も大変な目的を立て、我の自由に致そうと思うて一生懸命に骨を折りておるなれど、神の宝に人民が勝手に手を掛けたら大騒動が起こるぞよ。これも時節であるから、がいこくの身魂がモウ手を出し掛けておるなれど、九分九厘まで行った所で手の掌を覆して、欲の皮を脱いて見せてやるぞよ。海は一つ隔てておりても日本の神の宝であるから、がいこくの自由には神界から致させんぞよ。神が一度申したことはいつになりても間違いは無いぞよ。

日本の人民は皆天地の神の殊愛の御子と拵えて、誠一つを貫きて世界の人民を愛撫るように、この結構な神国に生まれさしてある神の容器の身魂であるから、一日半時でも泣いたり悔みたり、不足を申して暮らすようなことでは、日本に生まれた甲斐が無いぞよ。誠の日本魂が授けてある日本の人民は、どんな難渋ができて来ても苦しみがありても、微躯つくようなことでは、神国の神民とは申されんぞよ。

日本の国は天地を日夜に賛美して神の活動を致し、悪い国を善に進開き導びき、勇んで神の行為を致し、世界万国を統一守り、一家を修め身を修めて、天地に代わりての大事業を身魂に享けておる、神の御宮の神民であるから、御土も家も身も霊魂も日々清らかに致して、天国極楽の花を咲かし、実を結ぶ天職のある尊いものであるのに、薩張りがいこくのおしえに身魂を自由自在に汚され曇らされて、今の日本の神民の腰抜様と申すものは、ドウして天地の祖神様に顔が合わされようか。がいこくじんの身魂よりも劣りた人民が八分までもできておるが、これも時節とは申しながら、あまりのことで、腰の立たせようが無いぞよ。夏咲く花の紫陽花の色ほど変わる魂線で、この後の世をドウして立てて行こうとするのか。一つも日本魂の活動がありはせんぞよ。今の中に一人なりとも多く日本魂に立ち帰りておらんと、日本の国はこのままでウッカリ致しておると、今にがいこくのけものの餌食に致されてしまうぞよ。

それで綾部の大本は神界の因縁のある結構な地場であるから、二度目の天之岩戸を開いて、日本の霊主体従の光を天晴世界へ輝かして、天下万民を神国に助けたさに、明治二十五年から、大出口直に艮の金神が憑りて、間に合う人民を引き寄して経綸を致しておるのであるぞよ。それでこの大本へ引き寄せられた人民は、男女に関わらず、皆神界の経綸の綱が掛けてあるのであるから、充分に心を落ち付けて御神徳を落とさぬよう、神の結構な御用に離れんように、よく明治二十五年からの筆先を腹へ入れてくだされ。筆先が少しでも腹へ這入りたら、這入りただけの誠を尽くして、日本のため世界の救助のために、力を尽くしてくだされ、尽くしただけのことは神が万倍に致して御礼申すぞよ。

今が世の境の大峠であるから、国を助け人民を助ける真心のある誠の役員信者は、今の間は家や妻子に心を曳かれるようなことでは物事成就いたさんぞよ。

大正の忠臣蔵は綾部の大本高天原の神境に仕組が致してあるぞよ。万古末代死なず亡びず生通しの日本義士、数は四八の瑞秀の身魂、三千世界を照らす生魂ばかりを集めて、弥々敵討の段になりたら世界中の神、守護神、人民に歓ばれて、千歳の松の緑益々青く、弥々清く、鶴は空より舞い下り、地に這うたる万代の亀は御空に舞い上り、天地揃うて穏やかに松の神代と相なるから、それまでに教監役員信者は用意を致しておいてくだされ。肝腎の性念場になりてから何ほどあせりても役には立たぬから、今の世界の一寸静まりておる間に、我一と身魂を研いて神の経綸の御用を悟りてその様のおこないを致してくだされ。

世の元の昔の初まりからまだ一度も無い大望な世の立替え立直しであるから、今の世界の人民と変わりておらねば、今度の神界の御用は到底勤め上がらんぞよ。なかなか今の役員の思うておるような立替え立直しの経綸でないぞよ。九分九厘まで行った所で一厘の経綸は人民には解らず、神は今の今まで肝心の一厘の仕組はドンナ結構な身魂にも明かして知らすという訳には行かんから、余程胴を据えておらんことには、一厘の所になりてから神徳を落とす者ができるぞよ。それでこの大本の経綸の御用致す人民は、気宥しはチットもできんと申して毎度知らしてあるのじゃぞよ。抜刀の中に据わりておるようの覚悟を致しておれと申して気を付けてあるぞよ。一寸でも慢神と油断がありたらすぐに変わる恐い所の結構な所であるぞよ。

来年は余程世界には国難が出て来るなれど、誠の日本魂さえ研けておりたら別に心配は要らぬから、大本の役員信者は申すに及ばず、日本の人民も確り致して、利己主義の行り方を変えてしまわんと凌げんことが出来いたすぞよ。

日本も金が殖えたと申して安心致しておるなれど、この金は滅多に日本の役には立たんから、向こうの国に預けてある金は当てにならぬぞよ。早速の間に逢いは致さんぞよ。がいこくじんに自由自在に致されておりても、まだ気が付かぬ人民が八分あるから可愛想なものであるぞよ。日本の上の守護神に結構な日本神国の因縁が解りておらんから、こんな損害ができるのであるぞよ。中の守護神も下の守護神も、薩張り一寸先が見えぬから、日本も段々苦しくなるのであるぞよ。

何ほど人民が骨を折りても天下泰平に治まるということは無いから、今度は天の御三体の大神様のお許しを戴きて、尉と姥との生神が世界の始末をつけるのであるぞよ。それについては日本の人民を道具に使うて、二度目の岩戸開きを致すのであるから、因縁の深い身魂から地の高天原へ綱かけて引きよして霊魂を研かすのであるから、今大本に御用致しておる人民は、一人も粗末に来る人を扱うことはならぬぞよ。結構な神様が世に落ちてござるから、何人に憑りてお出でなさるやら、人民では解らぬから、その人の姿を見て取り扱いを替えるようなことは致されんから、皆心得てくだされよ。明治になりてからの人民は追々と日本魂ががいこくへ移りてしもうて、人民の格というものが低うなりたから、名よりも格よりも金銀ばかりに心を奪られて、昔の剣より今の菜刀と申して、国の位も人の格も忘れて、体主霊従の行り方ばかりになりておりたなれど、今度二度目の岩戸を開いて夜が明けたら、昔の剣を世に出して、日本魂の光を出して、天下を泰平に末永き神国の政治に立直すぞよ。

綾部の大本、地の高天原へ、天目一之命を引き寄して、日本魂の籠りた剣を鍛えさすぞよ。モウ時節が来たからいつから始めるやら知れんぞよ。天の斑駒も引き寄して神界の経綸を開き始めるぞよ。鶴と亀とが竜宮館へ舞い下がる時節が近寄りて来たぞよ。吃驚いたすことがあるぞよ。珍しき経綸の蓋を開けて見せるぞよ。

艮の金神 国常立之尊 変性男子の御魂が、竜宮館の高天原を守護致さす変性女子の御魂の手を借りて、世の立直しの筆先を書きおくぞよ。

今の日本の人民はがいこくの体主霊従の行り方に心酔てしもうておるから、家や倉庫を立派に建て並べ、要りもせぬ別荘なぞに金を惜しまず、人夫を惜しまず、神の大宮でも叶わんような贅沢な生活方をいたし、家の柱は檜作り、何もかも檜づくめで、屋根までも檜皮葺に致して、肝腎の氏神の社は粗末なことに打ち捨てて、雨が漏りても柱が朽ちても、産土神や氏神の社を修繕と申すことは、金を惜しみてゴテゴテ申して出さず、要らぬことには金を湯水のように使うて、エライ人間のように鼻ばかり高う致しておる野天狗や、けものの守護神ばかりであるから、世界に幸福きことは一つもできは致そうまいがな。

村々に仏の堂は見晴らしの良い高い場所へ持って行きて、無暗に立派なものを拵えながら、肝心の天地の祖神と氏神を地に落とし、村下の低い所に小さい粗末な御宮を建てて、年に一度の祭典も形ばかりで、食うたり飲んだり空騒ぎばかり致して、食うと呑むと寝ることより知らん御魂ばかりであろうがな。日本の人民の中に心の底から神を大切に思うものも、丁重にお給仕をいたして、神の大恩、先祖のご恩に報いる精神の人民は、僅かに一分が六カ敷き、今の日本の神国の現状であるぞよ。

今の間に一時も早く守護神が改心致さんと、肉体に気の毒なことが出来いたして、がいこくへ行かねばならぬようになるぞよ。せっかくに結構な日本の国へ上げてもろうた守護神も肉体も、神からがいこく行きに致されては、今までの御魂の苦労が水の泡になりては、モウこの先は末代取り返しのならん約らんこととは思わぬか。我身知らずの我魂知らずと申してもあまりであるぞよ。

今の日本の神国はがいこく魂ばかりが蜘蛛の巣を張りたように、天地を搦みておるから、天の日輪様の御威光も恐れぬようになりてしもうて、神国と申すのは名ばかりで、暗黒の世の中であるから、上の守護神も下の人民も脚下にある深溝が眼に付かぬ、誠に一寸先の見えぬ世であるから、綾部の大本、地の高天原から光を出して、身魂を照らしてやろうと思えば、まばゆがりて逃げて去ぬものばかりであるから、まだまだ誠のことは申してやれんぞよ。誠の守護神人民は我と我身魂を研いて、この大本の教えを腹へ入れてくだされたら、神界から何も申してやらいでも、自ずと判りて来るから、結構な御用ができて、日々勇みて嬉し嬉しで暮らせるようになりて来るぞよ。三千世界に大本の神の御用ほど結構な尊い楽もしい御用は、何国にもありは致さんぞよ。

釈迦は照々、五十鈴川曇る、愛の月照弥満朝雨が降る。仏が栄えて、何処も彼所も寺ばかりで、肝腎の天照皇太神宮の御宮まで、一旦は奥の院に阿弥陀仏を祭り込み、大神様を有る甲斐なしに致して、日本の国魂までも曇らしてしもうて、その国魂の精を享けて生まれた神国の人民は、大神のご神体なる八咫御鏡言霊までが曇りて来たので、それから生まれた人民が天気の小言を申すようになりて、段々と天地を曇らして来たから、いつも天災地変の起こり詰めであるぞよ。

天地の変災は皆人民の心と言霊が濁りておるから、一年増しに多くなるばかりであるから、日本の言霊の幸い天照る国の人民は、第一番に心の立替え立直しを致して言霊を清め、善言美詞を用うて、天地の神様と人民の心を和らげんことには、いつまでも天災地変が治まるということはないぞよ。

今の人民は一人も善言美詞を使うものは無いばかりか、日夜に人の悪口ばかり申して歓び勇み、なんど悪事醜行が新聞にも出ては来んかと、それぼかりを待ちておる曇りた人民ばかりで、がいこくじんよりも精神が悪く汚れておるから、天に坐します大神様が堪忍袋を切らし遊ばして、どうしても世の立替えを一度に致さねばならぬと申されるのを、艮の金神がこれまで開けた世界を潰されては、何も知らぬ人民が可愛想なり、一人なりとも改心さして残してやりたいと思うて、天の御先祖様に日時を延ばして戴き、この世を潰さずに大難を小難に祭り替えてくださるように、大出口直の体内に憑りて今までお詫びをいたしておりたなれど、今の守護神人民が一寸も聞いてくださらぬから、止むを得ず艮の金神 変性男子 大出口の神は、手を曳きて天へ帰りて守護を致すようになりたから、世界に何事が出来致しても、艮の金神と大出口の神に不足は申されまいぞよ。二十七年に渡りてクドウ気を付けておいたぞよ。

いよいよ仁愛神様の御出ましになりて、月の大神様の御守護と相なりて、瑞の御魂の御用が回りて来たから、月の大神様が暗の世を隅々まで御照らし遊ばして、日の出の守護となると、めぐりの深い国々、所々、家々、人々に火の雨が降ると申して、昔から愛の土山雨が降ると申して謳を作りて、神から気が付けてありたなれど、日本の人民が、よう解けんから、艮の金神が日本の守護神や人民に、説いて聞かして改心さして、身魂を助けてやりたいと、一心に心を砕いて、明治二十五年から変性男子の体内を借りて知らしたなれど、今に一寸も解らぬような守護神人民は、気の毒でも止むを得ずの惨事が出来いたすなれど、誰を恨める様も無いことになりておるぞよ。

昨年の十二月二十七日には、東京で蛙の集会が始まりたが、今度の集会は何年とは変わりておろうがな。その日に綾部の大本へは神界の経綸の世界の国魂が集まりて、千秋万歳楽の基礎が定まりたのも、五六七の大神様の御命令であるぞよ。結構な国の基になる十二の宝が集まりて来たから、モウこの先は何彼のことが迅くなりて、経綸が段々と人民の眼にも判るようになりて来るぞよ。これから世界は十二カ国に約まりて日本の一つの王で治まるのであるが、そこへなるまでには世界に大混雑が湧いて来るから、余程確りと腹帯を締めておかんと、途中で腹が破れるようなことが出来いたすぞよ。
大正八年一月二日、旧十二月一日、甲寅の日、竜宮館に、艮の金神 変性女子に憑りてしるしおく。

大正八年一月五日（旧大正七年十二月四日）

艮の金神 国常立之尊が、三千世界を五六七の神代に立直すについて、変性男子の御魂が世界の一切を調査いたして見れば、あまり大きな間違いと誤解で、神も呆れるよりほかは無いぞよ。
今の政治といい、教育といい、宗教といい、実業といい、軍事といい、何から何まで日本の精神が皆抜けておるから、逆様ばかりで神も手の付けようが無いから、矢張り元の神世からの経綸どおりに、埒よく致して立替えてしまわねば、到底この間々にして立直すという訳には行かぬから、世界に何事が出来いたしても、モウ神に不足は申されまいぞよ。今に国の大難が突発て来たら今のがいこく魂の守護神は、皆我の故郷のがいこくの行り方に着いてしまうものばかりで、誠のものは千人に一人よりありは致さん、惨いことになりておるぞよ。

世の立替えについては、昔の元の生神の神力つくしの世の限りしまい、火の手上がりて天地は一度に震り動くぞよ。一度に開く梅の莟みも桜しま。いつ破裂いたすやら人民には判るまいが、モウ時節が迫りて来たから、チットの油断もできぬぞよ。

人民の改心が一日遅れても、天地は大変な違いであるぞよ。それで一日も早くこの大本の中から早く立直さぬと、世界から先になりて、綾部の大本は永らくの間阿房が何をしておりたのじゃと、世界から笑われて面目ないことができるから、神がクドウ申すのであれども、今の人民は何ほど神が言い聞かしても、シブトウて一つも耳へも這入らず、行状も直らず、神も助けかけができんなり、助けてやらねばまた神に不足を申すなり、誠に困り果てたものであるぞよ。いつ始まるか知れんが、始まりたら何彼のことが引き続いて湧起てくるからその覚悟をなされよ。

いよいよこれから三千年の神の仕組も夜が明けて、暁の烏となるから天王台の一瀬には結構なことが致してあるぞよ。神が本宮山と申してあるのも都合のあること、肝心の経綸は今の人民欲に眼が眩みてしもうておるから、でき上がるまでは申さんから、大分思いが違うて、ジリジリ舞を致す人民が綾部にもたくさんできるから、出口直にご苦労になりて、永らくの間知らして気を付けてあれど、今に隣知らずで、身欲ばかり申して、神の仕組の邪魔ばかり致しておるが、今に脚下から鳥がたちて、止むを得ずのことになるぞよ。神に不足は後で申してくださるなよ。神は充分に気を付けてあるぞよ。

大正八年一月十一日（旧大正七年十二月十日）

艮の金神 大国常立尊が、時節参りて天晴世界へ現れて、三千世界の立替え立直しを致すについて、先ず地の高天原から立替え立直しを始めるから、大本の役員は腹帯を確り〆ておらぬと吃驚仰天、あいた口が閉がらぬようなことが出来いたすぞよ。何もかも神界では経綸が成就いたして、いつでも物事は始められるように、結構なことになりておるなれど、肝心の大本の内部のものに誠のことが一つも解らん人民が混りておるから、言い聞かして早速判る身魂なら、供々に手を引き合うて、神界の御用を致させるなり、判らねば気の毒でも可愛想でも、神の経綸の成就いたすまで、各自に何なりと致して、時節を待つが神国のためであるぞよ。何も解らぬ身魂が浅い考えで種々のことを申すと、神界の大変な邪魔になるから、邪魔いたして神慮に叶わんことが出来いたすと、神は困らねどその人が気の毒であるから、神は排斥は致すのではない、助けてやりてなるべくは御用に立てたいのであれど、止むを得ずのことであるぞよ。神の心もチットは推量いたしてくだされ。後で取り返しができんから、今が一大事の場合であるから、何辺でも腹の立つほどクドウ気を注けておくぞよ。

この大本は至誠一つの神の教えと行り方であるから、世界から何物が出て参りて反対を致しても、微躯ともせぬ世界の大本であれども、いつも筆先に出して知らしてある通りに、外からは指一本さすこともできぬなれど、内部の役員信者の言葉と行状が神慮に叶わんようなことがありたら、中から破裂するようなことになるから、せっかく今まで神が苦労いたしたことが水の泡にはできんから、大本の中から一番に心の立替え、役員の立直しを致してしまうから、それまでに身魂を清らかに致して、神の眼に付く行為を致されよ。

モウ天からの時節が巡りて来て、一日も猶予のできぬことに差し迫りておるぞよ。グズグズ致しておると、後の烏が先になると申して、毎度知らしておいたが、モハヤ今の大本は後の烏が先になりておるから、今までの役員はここで確り腹帯を〆て覚悟を致さんと、この上追い越されるようなことでは、早うから大本へ参りて苦労いたした甲斐が無くなるぞよ。よう胸に手をあてて考えてくださりたら、神のクドウ申すこの至仁至愛の神の精神が明白に判りて来て、有難い勿体ないと申して涙が止まらぬ様になるのであれど、肝心の精神が間違うておるから、日々不足を申さならぬことになるのであるぞよ。心一つの大本と申すのはここのことであるぞよ。

○

今の世界の人民は、真正の神から賦与りた智慧や神徳を曇らしてしもうて、体主霊従の行り方を歓び、色々と身欲ばかりを考えて、小さい欲に迷い、この広い天地を狭く縮めて、身魂の安心という肝心の天賦の宝を捨てて省みぬ、誠に神から見れば欲を知らぬ可愛想な人民ばかりであるから、一日片時も今の人民は心の底から安楽という味を知らんのであるぞよ。

神界からは何一つ人民の不自由なきように致してやりてあれど、肝心の身魂が曇りておるから、そこら一面に落ちてある結構な神徳を足で踏んでおってもよう拾わんので思うように行かんと申して、天地の神にまで不足を申すのであるぞよ。

霊主体従の行為さえ致したら、三千世界は広く美しく楽しく見えるのであれども、がいこくの八尾八頭大蛇の霊と金毛九尾白面悪狐の霊とに自由自在に弄物にせられて、守護神と肉体が体主霊従になり切りてしもうておるから、この結構な天地が思うように行かぬのであるぞよ。

天地の元の生神の神慮に叶う守護神肉体でありたら、今のような暗黒の世の中におりても、霊主体従の行り方いたすから、こんな結構な良き世は無いと賛美をいたして、いつもニコニコとして勇んで暮らせるのであるぞよ。三千世界の立直しはできておらぬ前でも、神の心に叶うた人民はモハヤ身魂が立直りておるのであるから、世界に何事が出来いたしても、我身は塵ほども苦しいとは思わぬようの神徳を戴きて、高見から見物するような心になりて、天地が震動いたしてもどんな大変突発いたしても驚かぬ神徳が備わるのであるから、今の世界の人民が苦しみておるのは、我と我手に苦しみの種を蒔いて、また自身が苦しみの実を刈り取りておるのであるぞよ。心さえ研けて誠が覚りて来たら、こんな楽もしき広き結構な神世は無いのであれども、一寸でも心の持ち方が間違うたら、この広い天地が狭くなりて苦しくなるぞよ。

今の世界の人民は、苦しまいでも楽しみて暮らせることを、我から求めて苦しみておるのであるから、神は可愛想で見ておるに忍びんから、永らくの間出口直に御苦労になりて、神世の教えがさしてあるなれど、今に何も解らん守護神人民ばかり、気の毒なものばかりであるぞよ。これというのもがいこくの大蛇とけものの悪邪乃霊魂が這入り込みておるのであるから、神力を戴いて、身魂の中に住居いたす悪魔を追い出してしまわねば、何ほど結構な神界の教えを聞かしてもろうても耳へも這入らず、誠の安心もできぬのであるぞよ。可愛想でもモウ神も手の付けようが無い所まで人民がくもりてしもうて、神の光が見えんから仕方はないぞよ。

○

大本の修行は今までの体主霊従の行り方を立替えさすのであれども、神の教えを聞いて、チットずつ腹の中へ浸み込み出すと、人民と申すものは勝手なものであるから、今まで致して来た事業が嫌になりたり、阿房らしく思えたり、苦しく感ずるようになって来るものであるが、それが忍耐んようなことでは、事業を更えても神界の御用は、人間界の事業とは段が違うから、なかなか勤め上げられんぞよ。

大本の教えを聞いて、チットでも神徳を戴いたら、その神徳をもって今までの事業を大本の教えの行り方に、少々ずつなりと改良て行く精神にならぬと、何彼無しに綾部の大本へ行きて、近くにおりさえすれば神徳が戴けるように思うと、大間違いが出来いたして、後で神に不服を申さなならぬようになるから、神が前つ前つに気を付けておくぞよ。大本の近くにおりたら神徳が戴けるものなら、この綾部の人民が神徳を戴いて御用ができるはずであれども、今に誠の神徳を戴いたものは何ほども無いではないか。

大本の中に這入りて、二十五六年も神の教えを日夜に見たり、聞いたり致しておる役員でさえ、今に神徳がもらえんものがあるぞよ。心の持ち方一つで何ほど遠方におりても神徳は戴けて、立派に神界の御用が勤まるのであるから、綾部綾部と申して、家まで持って来ても、神の誠の教えが判らぬ人民は、いつまで近くにおりて、日々大本へ詰め切りたとて何一つ判りもせず、眼も見えず耳も利かず、手も足も出しようが判らぬぞよ。

神の神徳と申すものは、遠い近いの差別もないぞよ。明るい暗いの区別も無い、何一つとして行き渡らんということは無いから、何処におりても身魂さえ研けたら、ドンナ大きい神徳でも渡してやるぞよ。大本へ永らく這入りておりて、今に神の御用一つ命すことのできぬ人民がたくさんにウジャリておるが、皆身魂の曇りが激しうてめぐりが深いから、せっかくこの結構な地の高天原へ引き寄してもろうて、日々に神の誠の行状を変性男子の鏡で見せて戴いておりながら、今に一つも改心ができず、段々慢神いたして、なんでも無い用を申し付けても、神の御用をしてやるというような精神で、神に恩を被せるような訳の分からぬ精神であるから、昔からの深いめぐりを除りて助けてやりたその上で、神界の御用に使うて、手柄をさして歓ばしたいと思えども、元来の思いが間違うておるから、神もドウ致すこともできぬから、今の間に早く心の立替え立直しを致さんと、後で残念でジリジリ舞を致さなならんことが今に出来いたすから、神はどうぞどうぞと思うて、破れ物を抱えるように心を使うておるから、チットは推量いたすが宜かろうぞよ。

○

世界の人民を助けたさに、艮の金神が因縁の御魂 出口直殿の体内を借りて、永らくの間 変性男子に苦労を致さした、神政開祖の奥津城は、変性女子や役員の赤心で立派に致してくだされて、神は満足であるぞよ。これからは神界の肝心の御用の時は、天王台へ変性女子を引き寄して、何彼の相談を致さねばならぬから、一日も早く経綸を完成してもらわんと、今のあの有様、たくさんに役員信者は参拝いたしてくださるは結構なれど、我の眼の前にあんなことをして捨ててあるのに、気の付く人民は今に一人も無いとは惨いものであるぞよ。

この大本の御用いたす人民は、一を聞いて十を悟る位でないと、誠の間には合わぬのじゃと申して、毎度筆先で知らしてあるが、眼の前に誰にも見える不始末がなんとも無いようなことであるから、神もなかなか骨の折れることであるぞよ。これでも今の世界の曇りた人民よりも何段も上の身魂の選り抜きが集せてあるのでさえもこの通りであるから、三千世界の立直しは大事業と申すのであるぞよ。

何もかもキチンと秩序を立て行くのが神の行り方、人民は神の道具に拵えてある、神の分身魂であるぞよ。

これからの筆先段々酷しくなるから、女子が厭がれども世界とは代えられんから、一寸も神の方は遠慮はいたさぬから、何彼のことにこれからは心配り気配りを致してくだされよ。この神の道は実意と丁寧と誠と正直と心配りが無いようなことでは、神界の御役には立たんぞよ。

大正七年十二月二十三日

艮の金神が永らく変性男子の手と口とで知らしてありた、五六七の世が参りたぞよ。釈迦が五十六億七千万年の後に、至仁至愛神の神政が来ると預言したのは、五六七と申すことであるぞよ。皆謎が掛けてありたのじゃぞよ。五は天の数で火という意義であって、火の字の端々に〇を加えて五の〇となる。火は大の字の形で梅の花、地球上の五大洲に象どる。六は地の数で水という意義であって、水の字の端々に〇を加えて六の〇となる。火は人の立つ形で水は獣類の形であるぞよ。火は霊系、天系、君系、父系。水は体系、地系、臣系、母系であるぞよ。火は高御産巣日の神が初まり、水は神御産巣日の神が初まりで、火はカの声、水はミの声、これを合わしてカミと申すぞよ。七は地成の数で、土、也、成の意義であって、土は十と一の集まりたもの、十は円満具足完全無欠両手揃うことで、一は初めの意義であるぞよ。十は物の成就、一は世界統一、一人のことである。世の終いの世の初まりがミロクの世であるぞよ。また土は地球という意義で土也、成ことである。火水地（神国）が五六七である。

五六七の世となる時は、神国に住む日本の人民が五千六百七十万人となる。

大本は時節まいりて五六七の御用を致さす変性女子の身魂に、大正五年五月五日辰の年午の月に、火水島の五六七の神を祭らせ、大正六年六月には肝川の竜神を高天原竜宮館へ迎え、大正七年七月には七十五日の修行が仰せ付けてありたのも、皆神界の昔から定まりた経綸が実現してあるのじゃぞよ。

五六七の神政は大正五六七三カ年の間に、神界の仕組を現し、また五年から七年までの間に、瑞の大神の神社 八重垣ノ宮を三人兄弟の身魂に申し付けて成就さしたのも、神界から因縁のあることであるぞよ。結構な御用でありたぞよ。五六七の世には、善きことも悪きことも一度に出現るぞよ。

独逸へ渡りた八頭八尾の守護神は、大きな世界の戦いを始めたその間の日数が千と五百六十七日、世界風邪で斃れる人民が、全世界で五百六十七万人であり、五年に渡る大戦争中に戦死者重軽傷者死者がまた五千六百七十万人であろうがな。これが釈迦の申した五十六億七千万年という意義である。五六七を除いた後の十億千万年という意義は、万世一系天壌無窮の神皇を戴き、地球上に天津日嗣の天子一人坐して、神政を行いたまうという謎でありたが、その謎の解ける時節が来たのであるぞよ。昔の神代の泥海の折に、ミロクの大神様が地の先祖となった艮の金神国常立之尊に御命令を下し遊ばして、一旦は土と水とを立て別け、人民初め万物の育つように致したのであるが、今に充分悪神のために神国が成就いたしておらんから、時節参りて艮へ押し込められておりた艮の金神が、潰れてしまう世を、天の御三体の大神様に御願い申して立直したいと思うて、三千年の経綸のフタを開けて、明治二十五年から変性男子若姫君尊の身魂に憑りて経綸を致しておれど、地の主護ばかりで、天地が揃わぬと成就いたさぬから、撞の大神様ミロク様が、肝心の世を治め遊ばす経綸となりたのを、五六七の世と申すのであるぞよ。

ミロクの御用は撞の大神と現れるまでは、泥に混みれて守護いたさなならぬから、ミロクの御用の間は変性女子を化かしたり、化けさして世の立直しを致さすから、女子はまだまだ水晶の行状ばかり命すことはできぬ、和光同塵の御用で辛い役であるぞよ。それで女子の身魂はまだまだ内からも外からも、笑われたり、怒られたり、攻められ苦しめられ、譏られ愛想を尽かされ、疑われ、言うに言われぬ辛抱もあり、悔しい残念を忍耐ねばならぬ、気の毒な御役であるぞよ。女子の行状を見て御蔭を落とす人民も、たくさんこれから出て来るぞよ。

女子はこの世の乱れた行り方がさしてあるぞよと申して、変性男子の手と口とで永らく気が付けて、三千世界の大化物じゃと申してあろうがな。あまり浅い精神やら小さい身魂では、途中で分からぬようになりて、逃げて帰ぬぞよと申してあろうがな。二十七年の間の筆先をよく調べてくだされたら、何一言も申すことは無いぞよ。肝心の時になりて御蔭を墜して、間曳かれんように致してくだされと、毎度筆先で気を付けてあろうがな。神はチットも困らねどその人民が可愛想なから、くれぐれも気を付けておいたから、大本へ不足は申されんぞよ。

変性女子の身魂が五六七の御用を致してくださる時節が参りたから、神界の経綸通り、変性男子の身魂は若姫君命と一つになりて天へ上り、天からは若姫君命、地からは国常立尊、天地の間は大出口国直霊主命が守護いたして、大国常立命と現れて、世の立替えの大掃除をいたすなり、地には変性女子の身魂が豊雲野命と現れて、泥に浸りて、三千世界の世を立直して、天下泰平、末永き松の世ミロクの神世と致して、撞の大神 豊国主之尊と現れる経綸であるから、今の人民には見当は取れぬぞよ。

いつ神が女子の身魂を何処へ連れ参ろうやら知れぬから、何事を致さすも神の経綸であるから、別条は無いから、いつ姿が見えぬようになりても神が守護いたしておるから、役員の御方心配を致さずに、各自の御用を致しておりてくだされよ。神が先に気を注けておくぞよ。

これから変性女子の身魂に五六七の神政の御用を致さすについては、神界の経綸を致させねば、大望が後れて間に合わぬことが出来いたしては、永らくの神界の仕組も水の泡になるよって、秘密の守護をさせるから、そのつもりで落ち付いておりてくだされ。なかなか人民の思うておるようなチョロコイ経綸でないぞよ。

末代動かぬ大望な仕組の苦労の花の咲くのは、一通りや二通りや五通りでは行かぬぞよ。山の谷々までも深い経綸であるから、誠の仕組を申したら、悪の守護神は大きな邪魔を致すから、大正八年の節分が過ぎたら、変性女子を神が御用に連れ参るから微躯ともせずに平生の通り大本の中の御用を役員は勤めておりてくだされよ。今までは誠の役員が揃わなんだから、女子の御用を命す所へは行かなんだので、神界の経綸の御用が後れておりたなれど、誠の熱心な役員が、揃うて御用を、大本の中と外とで致してくださるようになりて来たから、弥々女子の身魂を経綸の場所へ連れ参るぞよ。女子の誠実地の御用はこれからが始まりであるぞよ。いつまで神が経綸の所へ連れ行きても、跡には禁闕要乃大神、木花咲耶姫命、彦火々出見尊の身魂が守護遊ばすから、しばらくの間位は別条は無いから、安心いたして留守をしておりてくだされよ。一度に開く梅の花、開いて散りて実を結ぶ御用に立てるは、変性女子の身魂の御用であるぞよ。変性男子の御魂の御用は、三千世界一度に開く梅の花の仕組なり、女子の御用は、三千世界一度に開く梅の花の開いて散りて跡の実を結ばせ、スの種を育てて、世界を一つに丸めて、天下は安穏に国土成就、万歳楽を来さすための御用であるから、なかなか骨の折れる事業であるぞよ。

これでも艮の金神は、この身魂に守護いたして本望成就さして、三千世界の総方へ御眼に掛けるから、何事をいたしても細工は流々、仕上げを見てくだされ。水も漏らさぬ仕組であるぞよ。たとえ大地が水中に沈むとも、神の仕組は動かぬから、金剛力を出して持ち上げさせるぞよ。これが一番要の大望な瑞の御魂の今度の御用であるぞよ。人民の知恵や学力では一つも見当の取れんことばかりであるぞよ。

女子も今までは乱れた行り方が致さしてありたから俄に神が御用に使うと申せば、多勢の中には疑う者もあるであろうなれど、神は俄に手の掌を覆して改心さして、誠の御用に立てるぞよと、永らく大出口直の手と口とで知らしてありたことの、実地を致さす時節が来たのであるぞよ。この者と直で無ければ実地の仕組の御用には連れ行かれんことであると申して、永らく筆先で知らしてありたことの、実地が出て来たのであるぞよ。大本はこれからは段々良くなるぞよ。気使いになるぞよ。

大正八年一月十九日

艮の金神 国常立之尊の筆先であるぞよ。

永らくの神界の仕組の成就する時節が参りて、弥々今年は五六七の神政の始まりとなりたぞよ。大正七年旧十月三日は、五六七の神政の守護の始まりであるから、神界にては大正七年十月から以後を神聖元年と申し、大正八年の節分から神聖二年となるのであるから、節分が済みたらこの大本の中から大変わりを致すなれど、人民の眼には判らぬことが多いから、余程身魂を研かんと、却って神徳を外すことが出来いたすぞよ。

世界の経綸もそれに添うて段々明白に判りて来るなれど、今の大本の役員や信者の思うておるようなこととは、天地の相違であるから、充分に胸に手を当てて神界の様子を考えておらんと、神から露骨にはまだ少し発表することができんから、各自に身魂を研いて、思案いたして御蔭を取ろうより道は無いぞよ。ここ三年の間は日本に取りても世界に取りても、一番大事の性念場であるから、誰によらず腹帯が緩んだら凌げんことになるぞよ。

神の道の守護神も布教師も、早く行り方を替えて、誠の道に立ち帰らんと、今に立て別けが始まりて、ジリジリ舞を致さなならんぞよ。今に実地が始まるぞよ。

○

今度の御使いは一生懸命の晴れの御用で御用の為仕舞であるから、余程の覚悟を致しておらんと、日本の末代の恥になるから、神が付いて参りて色々と手伝うて、手柄を差してやろうと思えども、肉体は日本でも、肝心の霊魂ががいこくで育ててあるから、モ一つという所で引けを取るぞよ。神は充分にそれでもできるだけの守護は致してやるから、元の誠の日本魂でないとよう貫くことが六カ敷いから、守護神に気を付けるぞよ。どれもこれもこれならという身魂が一つもないから、今度の御使いに行くのは、まだ中でもマシな守護神であるぞよ。

○

天地の剖れた始まりから、邪気凝って発生て出た悪の種が、漸次成長して、邪鬼と大蛇と悪狐となり、邪鬼には二本の角が生え、大蛇は八頭八尾一体となり、悪狐は金毛九尾白面の妖魅と化りて、三千世界を魔の国に変化てしまう悪い企みをいたして、ここまではトントン拍子に九分九厘まで自由に致して、今一厘という所になりた折に、この世に無いと思うておりた善一筋の生神が現れたのであるから、悪の頭が死物狂いで働いておるが、モウ永くは続きは致さんぞよ。

邪鬼は世界中を自由自在に荒れ回りて、この世を乱そうと掛かりておるから、八頭八尾大蛇はろ国の土地に育ちて、唐天竺までも混ぜ返し、その国の王の身魂を使うて、色々と体主霊従の経綸を致して、終いにはその国の王まで苦しめて世に落とし、ろ国と独逸の王をまた道具に使うて、同じくその王を苦しめ世に落として、悪魔は陰から舌を出して、まだ飽き足らいで大海を越え、更に仕組を致して、終いには日の本へ渡りて来る、悪い経綸を致しておるが、道具に使われる肉体は誠に気の毒なものであるぞよ。

今に神国へ手を出したら、またろ国や独逸の大将のように落ちて苦しむが、神は世界の人民が可愛想なから、三千世界の総方の守護神に、地の高天原から気を注けてやりておるなれど、あまりの甚い曇り方であるから、チットも理解ができぬから、残念ながら眼に物を見せてやらねば、改心させて助ける方法が無いから、これからドンナことが出て来るか知れんから、世界中の守護神に重ねて気を付けてあるぞよ。

大直日主命は御魂となりて、日々世界の守護神に、説き諭しに回りておるから、因縁ありて神界のことの判る守護神を、綾部の大本、地の高天原へ引き寄して、御用を致さすから、大本の内部は一日増しに忙しくなるから、ご苦労であれど、三千世界にまたと無い結構な御用であるから、何事も惟神に任かして仲良く致して、理屈を止めて、各自の御魂相応の活動をいたしてくだされ。今が肝心要の性念場であるぞよ。

八頭八尾大蛇が十億の眷属を使役うて、世界の人民に憑りて、人民の守護神を一々押し込めて、御魂を薩張り曇らしてしもうて、世界の人民に体主霊従の行り方を致さして、トドの約りは世界の人民を絶やす経綸を致しておるのであるから、何ほど誠の生神が言うて聞かしてやりても、各自の悪魔が邪魔いたして、肝心の守護神に聞かさぬように垣を致すから、世界の人民の改心ができぬのも、無理なきことであるぞよ。

今に悪魔が世界中の人民を絶やして、魔の国に致そうと思うておれど、世の本の生神が日の本の国には隠してありたから、天晴今度は元の生神 国常立之尊が、地の高天原に現れて、悪神の企みを根底から転覆して、化ケを現して、世界の人民を助けるのであるから、その御用を手伝い致させる人民、守護神をこの大本へ引き寄しておるのであるから、充分に心配りをして、これから大本へ寄りて来る守護神、人民を丁寧に指導致してくだされ。これが大本の役員の御用であるぞよ。

また金毛九尾白面悪狐は世界の国々の一番に力のある者の女房に憑りて、国を乱しに一生懸命に憑りて、世界の大将を苦しめに世に落とす企みばかり致して、眷属をたくさん使い、人民の女房や娘の肉体へ這入り込み、体主霊従の行り方で神の御用を致す男子を、尾の先の玉の光で眼を眩まして、一度に世界を混ぜ返し、潰すことに掛かりておるが、これに気の付く人民が少ないから、三千世界の立直しが後れるのであるぞよ。

神はここ三年の間に立替える経綸であれども、思うたよりは曇りが甚いから、肝心の柱が寄り難いので、神は心を焦慮るばかりであるぞよ。日本の人民の中の因縁の御魂が早く大本へ参りて、身魂を水晶に研いて、元の日本魂に立ち帰りて、五六七の神政の経綸の御用に掛かるように、上下の身魂が揃わんと段々と後れるばかりであるぞよ。今の人民は神界の深い経綸が判りておらんなり、また時機が来るまでは何人にも明かす訳には行かぬから、解らぬのは最ものことであれども、あまり良きことばかりが来るように思うて、待つばかりでは約らんぞよ。思いの違う御方たくさんにできるぞよ。

大正八年一月二十七日

現れて間無く隠るる西の空、二日の月は上弦の、敏鎌の如き鋭鋒を、暫し隠して武蔵野の、草木も靡く時津風、時を松風梅ケ香の、薫る小さき神の森に、三五の月は澄み渡り、谷の戸開けて鶯の声も長閑な足御代の、竹の園生の清くして、功績も太く村肝の心の奥は朗らかに、皇大神に捧げ奉りし真心の、千歳の鶴の替え玉と、仕えて誉れを酉の年、四十四度の紀元節、五六七の神代の初春ぞ、正しき友の寄り集い、雄々しき清き活動に、助けの神と表れて、雲井に高き高松の、八重の玉垣いと赤き、心の色は日月の光に疑う尉と姥、鶴は千年亀万年、東邦朔の九千年、栄え三浦の王統家は、日夜久睦まじく神国の、神世の姿備わりて、三千世界の太平を、松竹梅の経綸ぞよ。辛の酉の紀元節、四四十六の花の春、世の立替え立直し、凡夫の耳も菊の年、九月八日のこの仕組。

天津国玉、国津御魂、石凝姥の神御魂、金銀竜の神馬の御魂、高天原に納まりて、天下太平、千秋万歳万万歳、七福神の楽遊び、豊受の神の豊国の主と現れ真寸鏡。

大正八年一月二十一日（旧大正七年十二月二十二日）

艮の金神 国常立尊 変性男子の身魂が、地の高天原 竜宮館に大出口国直日主命と現れて、変性女子の手を借りて世界のことを知らすぞよ。

丹波の国は斑鳩の、一イ二ウ三ツ四ツ、四尾の山の尾上に鰭振りて、二度目の神政を世継王山、東表の一つ峰、世界の神々集まりて、猫も杓子も言問いなす、不祥の現代を清めのための神集い、草の片葉も言止めて、天の岩座押し開き、稜威も高き天王台、神庭会議も近よりて、世界の国の国魂も、丸く治まる常立の、動かぬ御代に駿河不二、一度に開く兄の花の、三国一の四方面、四方の国々安国と、定め奉りて万国の、悪神ばらを神息総艮の、畏き神世と心から、仰がせ救う経綸の幕の明烏、日の出の守護の大本に、八桑枝繁り山青く、水さえ清き由良川の流れとなりて世を洗う、瑞の御魂の御苦労は、ここに千座の置戸負い、百千万の人民の罪を助けて水晶の、松の神代の礎を築き上げたる杵の宮、祭るときわの姫松を、重ねの橋や那智の瀧、旭日に向かい照妙の、綾部に架かる黄金橋、二人の〇〇に手を曳かれ、天津御空の大橋を、勇み渡会神の宮、天津神籬搗き固め、万世変わらぬ磐境の、神の経綸を三十年の、契も永く今十年、延び行く糸の最清く、錦織りなす山屏風、引き回らして天神、地祇の大本と、致す経綸ぞ楽もしき。

神聖五年五月五日、何が出来いたすやら天上の事柄であるから、教主も守護神も今の今まで解らぬように致してあるぞよ。この一輪の経綸を知りたものは、天地の元の誠の祖神よりほかには無いから、人民は取り越し苦労を致さずに、先の栄えて広き世を松の心で待つが可いぞよ。

○

惟神真道弥広大出口国直日主の神言は、時節参りて地の高天原を立ち出でて、天の八重雲押し披き、天上天下四方の国々隈も落ちず審査済ませ、世継王の山の尾上に、金竜の池を済ませて、常永に神国を開き守るぞよ。神威も高き天王台、心をここにおくつきの、深き経綸の鍵を納めて、日本一の一の瀬や、二の瀬三の世水清く、直霊に見直し聞直し、詔り直したる三ツ瀬川、五十鈴川は涸るる共、流れ尽くせぬ玉川の、水音のみは千代八千代、齢も長き鶴亀の、腹より出でし礎は、御代を歎きて人民思う、心は胸に三千年の、世をうしとらに築艮め、天地の神々守護神、諸の身魂を神国に、救い助くる大神業に使う御魂を引き寄する竜宮館の火水の経綸、神の心を推量して、身魂を早く研き上げ、昔の神代の初めから、架け渡したる謎の橋、早く渡りてくだされよ。

大正八年一月二十五日

今の人民は我身の神聖なる天職を忘れて、薩張りけものの容器に化り切りてしもうておるから、猛獣の餌にするような汚い腐肉を食うて美味美食と驕り、鳥獣の毛や皮を身に纏うては美衣とか礼服とか申して歓び、罪悪の凝結た金銀で立派な形ばかりの住家を造りて、美家とか玉堂とか名を付け、体欲に耽って己の寿命を削りながら、千年も万年も生きる心算で、いつも月夜と春ばかりあるように思うて、一寸先は真の暗、これが人間の中の結構な紳士と申すもの。紳士か獅子か猛虎か名の付けようも無い人三化七、訳の分からぬ人民ばかりが、せっかく無垢な人間に生まれながら、紳士とか虎とかの行り方を羨んで、金銀さえ蓄えたらこの世が自由になるように思い違いを致して、またもけものの仲間入りを致そうとするから、世は段々と体主霊従が盛えるばかりであるぞよ。

何程神が可愛想なと思うて、言うて聞かしてやりても、腹の底に誠が無いから、一旦神界から神の綱を掛けられた人民は、一時は思わくは立てさしてやるが、また後で縋りて来ねばならぬことが見え透いておるから、明治二十五年から出口直の手と口とで、大本の大橋越えてまだ先へ、行方分からず後戻り、慢神するとその通りと申して気が付けてありたが、今までにこの大本にはたくさんに鏡が出してあるぞよ。

親の精神が違うて来ると子の心が変わりて来るぞよ。神の試験に逢うて直ぐに取り違い致すような浅い信心はマサカの時に役に立たんから、これから神は素直な人民を使わならんから、まだまだ神は気を曳くぞよ。その人の心相応のことを致して、誠の御用に使うものと使われんものとを選り立てるぞよ。大正忠臣蔵の御用に立つのは我が妻や子に気を曳かれて信仰を落とすような人民は、肝心の正念場の舞台は踏まさんぞよ。

誰によらずこの大本の信心は外の宗教のように思うておると大間違いができて来て、中途に逃げ出すぞよと申してありたが、コンナ大化物の致す神界の御用は、三年や五年の信仰では、何程知者でも学者でも判りは致さぬぞよ。利己主義の人民は少し金でもうけると、モウこれでたくさんと申して後へ退くが、この大本はソンナ小さい経綸でないぞよ。この大本の経綸は稲荷山の白狐や古寺の古狸や、蛇の身魂の守護が除かぬと、少とも見当が判らんぞよ。

守護神が鼻高であると、肉体が知らぬ間に鼻高になりておるから、その高い鼻が両眼の邪魔をいたして、向こうも見えず、上はなおさら見えず、足元は天で分からぬから、歩行くのも全然暗雲で、危うて見ておれんから、因縁のある身魂はそれでも使うてやらねばならぬから、神が鼻をヘシ折ってしまうぞよ。神から折られん先に鼻を低ういたして、真心になる人民を待ち兼ておるぞよ。

これから神界は正念場となるから、段々と通常の人民には判らんように一旦は致さすから、誠無き欲信心いたしておる人民は、御蔭を落として立ち寄れんようになるから心得ておりてくだされ。引掛戻しの仕組、月の象の御簾の中、日に日に変わる大本の中の様子、付け留めておいてくだされよと申してあろうがな。善と悪との鏡の出る世界の大本ぞよ。

○

三千世界一度に開く梅の花、開いて散りて実を結び、スの種までも蒔配りて、三千世界を一つに丸めて、至仁至愛の神政に立直す経綸であるから、この大本へ立ち寄る役員は、皆昔の神代の太初から、身魂に深い因縁がありて切っても断れぬ親子兄弟であれども、現界があまり体主霊従の行り方の世になりておるから、御魂も共にくもりてしもうて、親兄弟も顔を合わしていながら、薩張り判らんようになりて、知らず知らずに神の綱で引き寄せられ、久し振りの親子兄弟の対面であるから、互いに仲良く致して、神界の御用を致して、天地の先祖の御用を勤めて、今度の二度目の岩戸を開いてくだされよ。

神は人民を道具に使うて致さねば、神の姿のままでは現界の立直しはできんから、神が憑りて致すから、この大本へ引き寄せられた人民は素直に致して、神の申し付けることチット無理じゃと思うても、人民では分からぬ経綸であるから、神は親であるから、無理いう親に仕えると思うて辛抱して御用を聞いてくだされたら、跡でコンナ結構なことであったかと申して雀踊りを致さして、それぞれに手柄をさして、御魂は世界の守護神と祭りてやるなり、肉体はまたこの世に無い結構なことに致して、万劫末代名を残さして御礼を申すぞよ。

燈火の消ゆる世の中今なるぞ、差添え致す種ぞ恋しきと申して、明治三十三年に筆先に出して待ち兼ておりたが、変性女子が明治四十二年になりて、大本の神の経綸が判りかけて来たから、時節に応じて差添えの種を引き寄したが皆一心に御用いたしてくださりて、追々と大本の経綸が、人民にもチットは見当が取れるようになりて来たから、モウ大分揃うたから、これから研いて誠の御用にかかりてくだされ。

古からまだこの世には有りたことも聞いたこともない大神業であるぞよ。神があまり喧ましく改心してくだされといつまでも申すから、今の役員の中には、こうして各自が今までの結構な地位や職掌を止めて、家も身も宝も捨てた同様に、御用を聞き、我の物を衣食して、月給一銭も戴くでなし、力一抔金銀まで神様へ献上して、一心に尽くしておるこの真心をまだ知ってくれぬ、六カ敷い処判らぬ神じゃと思う御方もあろうも知れんなれど、何をいうても変性女子は大化物なり、三代は若い女のことなり、善の鏡を出して大本の神の名を出してくださるのは役員であるから、神は皆の役員の真心は百も承知千も合点であれど、万一の遠慮いたして執念深う腹が立つほど、不調法と取り違いの無いように気を注けるのであるぞよ。

この大本へ立ちよる身魂は皆昔から親子兄弟の因縁が深いのであるから、毫末も控えずに、身内であるから厭なことも申すのであるから、神が何を申しても気にかけぬように致して、我一と神界の御用をいたしてくだされよ。今年の旧の七月十二日までに、大略の因縁の身魂を大本へ引き寄せるから、大本の役員は充分に気を注けてくだされよ。それまでに肝心の御魂を引き寄せるぞよ。毎時出口直の筆先で、後の烏が羽翼が強いから、後れんように身魂を研いてくだされと申してあろうがな。皆その通りになるから、ドウゾ後れんように致してくだされよ。手長彦手長姫に心を配りてくだされ、こんな酷しき大本の中へでも這入り込んで来るぞよ。油断いたすと終いには神の名を汚すことになるぞよ。

○

人民と申すものは気の短いものであるから、神の申した事実が一年後れても六カ敷い顔を致すなり、何を申しても昔からまだ無い大事業であるから、物事によりてはチット位は延びることがあるなり、人民を神は一人でも余計に改心さして助けてやりたいから、延ばせるだけは延ばしたいなり、人民は良きことばかり来るように思うて、浅い考えを致して首を伸ばして待つような心でおるなり、薩張り神と人民とは思いが反対であるから、神もなかなか骨が折れるぞよ。

誰も彼も綾部綾部と申して出て参りても、身魂の因縁だけのことよりはできんのであるから、神の道の判りた人民ならどこに居りても、神徳は渡して手柄を致さすから、あまりあわててくださると却って神が迷惑を致すぞよ。大本の中の役員に誠のことが六七分まで解りて来て、充分に身魂が研けるまでは、世の立替えが始まると、却って神も役員も困るから、三千年の仕組を水の泡にはできんから、地固めには充分の骨が折れるから、チット位後れたと申して心の変わるようなことでは、こんな大望は到底勤まらんぞよ。

一人でも因縁の身魂を余計に改心さしたいのは神の至仁至愛の精神であるぞよ。それで大本の中から神と同じ心になりてくれよと、クドウ申すのであるぞよ。神界の経綸が一二年も延びたとすれば、今の人民は悪がまだ消えておらぬから、また神に不足を申すなり、子を戻してくれ娘を返せと申すものもできるかも知れぬが、そこを惟神に任して、ジット堪えて待つだけの度胸がないと、肝腎の御蔭に外れてしまうぞよ。後の悔悟は間に合わぬから、充分腹帯を締めておらんと、百日の説法が屁一つにもならんことになりて、世界から笑われて、地団太踏んでも追い付かぬようになるぞよ。

三千年の苦労いたした経綸の花が咲くのであるから、人民の思うておるような容易仕組でないから、思い違いの無きように致してくだされよ。筆先の裏まで眼を徹すようでないとなかなか解りは致さんぞよ。世界の大峠が来るまでにこの大本の中に大峠があるぞよ。大本のことは神界の仕組であるから世界中へ写るぞよ。世界のことはまた大本へ写るから、この大本の内部の行り方を見てさえおりたら、誠のものには何もかも判る仕組であると、明治三十二年から出口直の手で先に何遍も知らしてあるぞよ。

○

三千世界が一度に開く梅の花、艮の金神の世になりたぞよ。神も仏事も人民も勇んで暮らす世になるぞよと明治二十五年から知らしてあるぞよ。それでこの大本は、外国のヤソの神の教えや、仏の教えを悪く申されんぞよ。ヤソも仏も儒もその国々の国魂相応の教えがさしてあるのであるから、この大本は大本の教えさえ致しておりたら外の宗教を毀つということは致されんぞよ。こう申すとまた鼻高が、艮の金神でさえもがいこくの教えや、仏を悪く申すでないかと、理屈を申すであろうが、がいこくの教えと神が申すのは、宗教やヤソ教の神のことではない、物質主義金銀為本の政治のことを申すのであるぞよ。外国の宗教と申しても元は天地の先祖の教えであるから、日本の教えの枝葉であるから、あまり悪く申して枝葉を断ると、幹が却って発育ぬから、神は元は一株であるから、それでこれまでの筆先に、谷々の小川の水も大河へ、末で一つの海に入る経綸であると申してあろうがな。

神が一度申したことは、いつになりても毛筋も間違いはないから、ここの処を十分に気を付けて、大本のお話を致さぬと、反対に揚げ足を取られて、愧ずかしきことが出来いたすから、心得た上にも心得ておりてくだされよ。

大正八年一月二十七日（旧大正七年十二月二十六日）

艮の金神 変性男子の御魂が、地の高天原の竜 宮 館に現れて、世界のことを誌しおくぞよ。

五六七の神が御出ましになりたから、世が押し約りて天の鳥船や鳥の磐樟船の神が、空中を自由自在に荒れ回し、世界中に火の雨を降らして地の世界を苦しめ、神国をがいこくに致す悪神の企みが、九分九厘になりて来たなれど、日本の国は神国であるから、けものが何程上空へ昇りて、悪を働こうと致しても、けもの身魂の眼に付かぬ金神の鳥船が、中界を守護いたしておるから大丈夫であるぞよ。火の神も羽張り出すぞよ。火の輝日子や迦倶槌や、火の焼速男の神はエライ勢いで、明治三十年代から荒れ回りて来たが、今度はモ一つ烈しき活動をいたすから、人民も油断はいたされんぞよ。青山は枯山となり、海川は残らず泣き干す時節が近よりたぞよ。金山彦や金山姫を多具理上げる時節が参りて、今の成金の体主霊従の身魂が、頭を土に着けて苦しむ時節が今に来るぞよ。クハラの跡は草原となり、ススキの跡は薄原、イハサキの跡は茨咲き、フジタの末は不事多となるぞよ。三ツの泉の水も涸れ、ツルの池水は濁りに濁りて、鮒や鯰が泥に困しみ悶える時節が来るぞよ。鶴の宝は雀が拾い、亀の宝は小魚が食う。山は変わりて淵となり、海の中にも山が湧く、これが体主霊従の身魂の年の空であるぞよ。

秋風待てど罪悪の、日に夜にフユの霜先に葉も実も散りて丸裸、夜寒の凌ぎもなんと詮方なつ虫の、飛んで火に入る憐れさを、見せまいものと朝夕に、神の出口の手を借りて、助けやらんと艮の、神の心は五月暗、泣く郭公血も涸れて、救いの術も泣くばかり、神の心配酌み取りて、早く改心頼むぞよ。

艮の金神 変性男子の身魂が、天地の間を守護致して、三千世界の大掃除を致すに付いては、ミロクの大神様は金竜に跨り、大直日主命は銀竜に、若日女君命は金剛に打ち乗り、天と中界と地の上を守護致しておるから、これからは経綸が一日増しに良く解りて来るから、大本の内と外との誠の役員信者は、確りと胴を据えてくださらぬと今までのような気楽なことでは、肝心の御用が後れてしまうぞよ。

宇宙の塵埃曇り汚れを掃き祓う、神の経綸の箒星、不意に出現する時は、天津大空澄み渡り、神の威勢の強くして、空に懸かれる群星は、天の河原に集まりて、言問い議り議り問い、終いには思案も手術も泣き暗し、地上一つの神光を、尋ねて各自に降り来る、大木の陰や神館、綾に畏き地上の高天原、神の助けを請い奉り、身魂清めて苅こもの、乱れ果てたる世の中を、元の神代に立直す、善と悪との戦いに、大本直日大神を総大将と戴きて、曲つ軍を打罰ため、言向け和す空前絶後の大神業は、いろはの産の神御魂、誉れを千代に遺す経綸の、奥の手の只一輪の白梅の、花咲き実る常磐木の、松の神代こそ尊けれ。金竜　銀竜　金剛　剣破　四ツの神馬のいななきは、天地に響く言霊の、神の力と神人の、日本魂の活動に、四方の国々依り来り、天津日嗣も永遠に、治まる神代の瑞相は、七堂伽ランの神界の、世界鎮めの基礎と成り渡るぞよ。

大正八年二月六日

松の世の神の経綸も近付きて、来るか来るかと沓島潟、波打際に待ち兼し、浦の松風音清く、目無堅間の神船は、竜宮館を漕ぎ出でて、綾の高天原へ迎え還りし、艮の皇大神の神力を、雲井の空に輝かす、常磐堅磐の神国は、大く正しき神人の、真正の姿も巳の年に………。艮坤の山田の土と播磨潟、磯吹く風に消ゆる火煙り、瑞の身魂の晴れ戦。天の八重雲吹き払い、地の妖霧をも掃き清め、上と下とが睦び合う、実に面白の神の世の、来る時まで国民は、一つ心に霊主体従の、神に習いてよく忍べ、御空は震い地は揺り、黒雲四方に立ち籠めて、神の光も日月も、暫時の間は丹波の、天の岩戸に隠れます、山川動み草木枯れ、海河悉々泣き干して、黒白も分かぬ暗の世を、照らし返して艮の、神の稜威は四方の国、百八十国の果までも、届かぬ隈もあら尊、名も高砂の浦の松風吹き上げて、千歳の鶴も万代の、亀も勇みて舞い下る、竜宮館の神国の、湯津桂の神木こそは、枝葉も繁り根も太り、天津日影も月影も、弥常永の安息所ぞと、玉の一声鳴り渡る、スの言霊や畏けれ。

大正八年二月十三日（旧一月十三日）

艮の金神 国常立之神言 変性男子の御魂が、竜宮館の高天原に現れて、昔の根本のことを知らすぞよ。今日は出口直日主命の上天から丸百日に当たる祭日であるから、大本の標目の十曜の紋の由来を書きおくぞよ。国常立之尊が世の太初から悔しき残念を堪忍りて、あるにあられぬ苦労艱難を致して貯えた、ただ一輪の生き花の開きて散りて芳しき、果実を結ぶ時節が到来から、善一筋で貫きて来た神と、悪ばかりを企みて、好き候に致して来た神との因縁を現して、日の出の守護と致すぞよ。

大本の十曜の神紋は、世界統一の標章であるから、この神紋の由来を知らねば肝心の神秘が分からぬぞよ。九重の花が十曜に化りて咲く時は、万劫末代しおれぬ生き花であると申して、今までの神諭に出してあろうがな。この九つ花が十曜に開くその時は、どんな鼻高もどんな悪魔も改心いたして、今までの自分の思いの違うておりたことが明白に分かりて帰順いたすぞよ。

三千世界の世の元を締め固めた折に、一生懸命に大活動を致した誠の神の因縁を説いておくから、万の神々様も人民も、よく腹へ呑み込みなされよ。綾部の大本地の高天原に、変性男子と変性女子の身魂を現して、今までに充分に気が注けてあるなれど、まだ皆の役員信者が誤解いたしておるから、根本から神の因縁を分けて見せるぞよ。日本の古事記にも出してない神がたくさんにあるから、迷わぬようにするがよいぞよ。変性男子の身魂は現世で百歳の寿命が与えてありたなれど、あまり仕組が後れるから、天へ上がりて守護いたすために早く上天さしてご苦労になりておるぞよ。

世の元の大御宝をしめ固める折に、差添えになって活動なされた神は、真道知彦命、青森知木彦命、天地要彦命の三男神と、常世姫之命、黄金竜姫之命、合陀琉姫之命、要耶麻姫之命、言解姫之命の五女神、合わして三男五女八柱の神を育て上げて、差添えの御用を命せなさったのが稚日女岐美尊であるから、これが九重の花と申すのであるぞよ。

稚日女岐美尊の後見をなされた至善の神様が天照日子尊であるぞよ。天照彦命は海潮の肉体に宿りて、五六七の世の御用を致しておれるなれど、誰もまだ分かりてはおらぬぞよ。この神が表れたら二度目の世の立直し、九重の花が十曜に咲くので、三千世界の統一が成就するのであるぞよ。

この神々が大国常立之尊の差添え日本魂の純粋であるからタタキ潰しても潰れず、火に焼いても焼けもせぬ剛強なる御魂であれど、大地の祖神が世に落とされたについて供に落ちねばならぬようになりて、ぜひなく世に落ちたのであるぞよ。時節参りて地の先祖の国常立之尊が再び世に現れるに付いて、供に今度は現れて万古末代萎れぬ花の咲く結構な神代が来たのであるぞよ。

今度は二度目の世の立替え建直しであるから、世の太初からの善悪の胤を残らず現して水晶の神代に致すのであるから、一切のことを書きおかすぞよ。

世の元の国常立之尊を世に落としたのは第一番に天稚日子命であるぞよ。天稚日子命は大変に女の好く神でありたから、女神をたくさんに部下に付けて天の規則を破りたり破らしたり、体主霊従の大将となりて世を持ち荒らした神でありたぞよ。天地の別れた折からの邪気凝りて体主霊従の邪鬼となりた神が天若日子命であるぞよ。世の根本を修理固成た地の先祖を押し込める経綸を致したような邪神であるから、今までの神界を持ちて現界までも構うて来たなれど、肝心の天地の神の大恩を知らずに世界の人民をアヤツリ人形に致して来たから、今の人民の上に立つ守護神が薩張り心が曇りてしもうて、胴体なしの紙鳶昇りで上下に眼が着かぬから、大空ばかり向かいて仰いて我身の出世することばかりに心を奪られておるから、地の世界が真の暗同様になりて今に天地が転動て逆トンボリを打つことが出て来るのも判らぬような惨いことになりておるが、それも知らずにまだデモクラシーを唱えて騒ぎ回りておりても、日本の霊主体従の行り方致さねば到底世界の艮めは刺すことはできぬぞよ。

変性男子　若姫君命は元来の善神であるから、大変な千座の置戸を負うて国津神等に代わりて世に落ちなされて、万神万民の深き罪を贖い遊ばされ、天よりも高く咲くべき生き花を咲かさずに地獄の釜のコゲ起こし、あるにあられん御艱難を遊ばしたのも、元を糺せば天稚日子命のために神の世一代の御苦労をなされて、まだその苦労が余りて現世にてその罪を八人の産の児に負わせてある故に、三男五女の児は今に八百万の神に踏み下げられておるから、一通りや二通りの苦労ではないぞよ。

この由来が大本の中の重立ちた役員に早く判りて来んと、十曜の神紋が開けぬぞよ。十重の門が開けたら、三千世界の統一ができるのであるから、跡に残りておる○○の兄弟と変性女子の肉体とに解けて聞かして、腹帯を確りと締めさしておかんと、サアという時になると変性女子の肉体を体主霊従の行り方の人民が世界一致して引き裂きに出て来るぞよ。皆々の結構な天来の神諭を取り違い致して、肝心の大本の役員信者までが変性女子の身魂を攻めに来る者が中には出て来るぞよ。肝腎の判らねばならぬ肉体に実地の神業が判りておらぬから、物事が後れて世界中が困ることが出来いたすから、早く肝心のお方に知らしておかぬと、罪なき人民にまでも泥水を呑ますようなことが出来いたすぞよ。

現今の大本は一旦天の規則が破れてしもうて、世を持たれぬ神の天稚日子が名を代えて充分に自身の思いが達した形が東の空から西の地の底の大本へ写りておるのであるから、まだ真実ものに開けておるのでないから、気宥しはチットもならぬぞよ。日の出の神の因縁が判りておらぬから、世界の物事が後れるのであるぞよ。艮の金神の筆先を速く調べておかぬと、世界へ対して申し訳なきことが出来いたすぞよ。自分ほど神界のことのよく分かりたものはなきように思うて自惚いたしておりても、世の変わり目であるから、神の奥には奥があり、まだその奥には奥の奥の大奥があるのであるから、可い加減な一心では誠の神秘は判りは致さんぞよ。

梅で開いて云々と申すことはドンナ苦労艱難いたしても、またドンナ悔しい残念なことがあっても、堪え堪えて持ち切るということの譬えであるぞよ。梅で開くということは皆の肝心の行いであるから、思い違いのないように致して、身魂を充分に練り鍛えてくだされよ。今はまだ天稚彦の系統が重に集めてあるから、今大本に集りておる人民の中に天稚日子の行動が判りて実地を調べておいてくださらぬと、皆の守護神が濡手で粟を握むような甘いことを思うておるものがたくさんあるから、都合が好ければ一生懸命に勤めもするなれど、少し形勢が悪いと見たら皆還りてしまうというような水臭い役員も中にはできるから、気宥しはならんぞよ。それで各自に心得て気を注け合うて互いに何処までも、神国のために生命を捧げるという立派な日本魂に研き上げておりてくだされよ。思いが間違うと一寸のことがありても経綸が後れても直ぐに不足を申したり、顔の色を変えたり致すから、何事がありても一分も動かぬ日本魂に研いておかぬと、世界の大峠と大本の中の大峠に躓いて後へ引かねばならぬぞよ。それでは早うから大本の教えを聞いた功能がないぞよ。

此度の二度目の天之岩戸開きの天地の大神の至仁至愛のお恵みと申すものは洪大無辺にして何ほど人為の学問や知識で考えて見ても判らん深い仕組であるから、鼻柱を体よく捻じ折って生まれ赤子に立ち復りたなれば、三千年の経綸の世界の大機織の紋様が判然と分明るなれど、肝心の機織の模様を拵える根本をソコ退けに致して、人間界の知恵ばかり働かしておると、いつまで焦慮りて骨を折りても肝心の経綸が判らぬから、一時も早く我を折りて、明治二十五年からの筆先を充分に調べてくだされよ。神聖元年からの筆先は一層注意して調べぬと大きな取り違いが出来いたすぞよ。

大出口国直日主命の永年の苦労の徳で、天若彦命の肉体の名は指さずに神界から赦しておくから、我一と我心身をサニワ致して省みて身魂を立替えいたさぬと、神界の仕組が後れるばかりであるぞよ。何ほど外囲の垣や構造が立派でも誠の教えが立たぬと神界にて教祖の神が苦しむから、早く改心いたして誠を立ててくだされよ。

天照彦命は至善の神であるぞよ。天稚彦は悪の神であるぞよ。

大正八年二月十八日（旧一月十八日）

艮の金神 国常立之尊が世界の中心田庭の国の神屋敷、神宮本宮坪の内、竜宮やかたの地の高天原に現れて、瑞の御魂の宿りておる言霊幸彦命の手を借りて、世の根本からの大略の因縁を書いておくぞよ。恋しくば尋ね来て見よ丹波の、山と山との畳並べる綾部の里の谷間の、世の大本に咲く花の薫る在所を。二度目の世の立替え改造は、天のある限り地のある極み、根底の国のドン底までも、説いて聞かせる綾部の大本であるぞよ。変性男子と変性女子の身魂が現れて、世界の改造を致しておることは、この節分からは明白になりて来ておろうがな。明治二十五年から三十年で世の立替え立直しを致すと申して、出口直の手と口とで知らしたことの実地が、誰の眼にも付くようになりて来ておるのに、肝心の大本へ這入りて永らく筆先を読みておる人民に何も判らぬので、神界の経綸は世界から一日ましに実現するなり、膝下はアフンと致して結構な神徳を後の烏に奪って帰られるからと、毎度気を付けてありたから、今になりて元の役員は何ほど地団太踏んで悔しがりても追い付かぬから、素直に致して何なりと身に合うた御用を、一生懸命に勤めてくだされよ。

今までは元の役員は皆慢神いたして瑞の御魂の五六七の世の御用の邪魔ばかり致しておりたから、大変な神界のお気障り、世界改造の御用が十年も後れておるから、明治二十五年に三十年の間に全部世界改造を遂功て、結構な神界に致そうと思うた仕組を、元の役員が女子の御用の邪魔ばかり致して、十年余り後れさしておるから、余程お詫びを致して、十分の活動を致さんと天地からお許しがないぞよ。

毎時出口直の手で、変性女子は大化物であるから、取り違いを致すなと申して知らしてあれど、あまり慢神の強い、訳の分からぬ身魂であるから、力一杯変性女子の御用の邪魔を致しておいて、大変な結構な御用を致して来たように思うて、今に大きな取り違いばかり致しておるぞよ。この大本は元の役員がありたならこそ、ここまで発達したのじゃというような心でおるが、それがエライ慢神取り違いであるぞよ。元の役員が覇張らずに控えておりたなら、モウ十年早く物事が運びて、世界の人民も早く助かり、神界もモチト早う満足して戴けるのでありたなれど、十二人の役員の慢神取り違いが今に響いて来て、世界のことが大変に後れてしもうて、神も迷惑を致しておるぞよ。早く大本の中の元からの役員の身魂の改正を致さねば、神界の経綸の邪魔になるばかりであるから、今の中に改心ができれば良し、どうしても改心ができねば、可愛想でも世界の万民と少しの人民とは代えられんから、小の虫を殺してでも大の虫を助けねばならぬから、重ねて気を付けるぞよ。後から参りた役員もまだ時日が浅いから、判らぬのも無理はないから、あまり八釜敷うは申さぬなれど、世界の物事が絶命の所まで迫りておるから、神界も急ぐから、一日も早く身魂を研いて、誠の日本魂を発揮してくだされ。油断はチットもできぬ世界の大本であるぞよ。

いよいよ三千年の神界の経綸の時節が来たぞよ。三千年と申しても、百を三十重ねた意味ではないぞよ。数十万年の永き神の世一代を指して申すことであるぞよ。古き神世の有様を早く世界の人民に解いて聞かさんと、日本の神国の人民が、天地を経綸する主宰者でありながら、がいこくの人民と同じようになりてしもうておるから、第一番に日本の人民が我身魂の天職を覚りて、日本魂に立ち帰りて、神世からの尊い因縁を覚りた上、世界の人民を助けてやらねばならぬ、天来の大責任者であるぞよ。

世界に大混雑が起こるのも、悪い病が流行るのも、日本の人民の上下の身魂が曇りて、天までも曇らして、日本魂の活動ができぬからのことであるぞよ。世界の小言の絶えぬのも、日本国の責任であるから、この地の世界を守護いたす、日本の守護神と人民が一番に改心を致して、天地の間を清浄に致さねば、いつまでも天下泰平には治まらんぞよ。日本の人民は尊き天地の神の宮に拵えてあるのであるから、神の生き宮を余程清浄に致さんと、神が生きた宮に住みて、天地経綸の御用を勤めることはできんから、一日も早く今までの汚い心や、小さい物欲を速川の瀬に流し捨てて、身禊の行を致しておらんと、肝腎要の世界改造の御用が勤め上がらんぞよ。

この時代に生まれて来た日本の人民は、特別に神界の仕組に仕うように生まれさしてあるのであるから、今の日本の人民は、天地の使命が中昔の世の人民とは一層重大いのであるぞよ。同じ地の世界でも日本の国ぐらい結構な国はないぞよ。その結構な日本の神国に生を享けた神民は、なおさらこの上もなき仕合わせものであるから、世界万国に対する責任が、がいこくの人民よりは何十倍も重いのであるから、自己本意の精神では日本の人民とは申されんぞよ。

この結構な神国の神民が、霊主体従の行り方を薩張り忘れてしもうて、がいこくの体主霊従の世の持ち方に八分も九分もなりてしもうておるのも、昔の神代にろ国で育ちた八尾八頭の大蛇の悪霊に欺し込まれて、泥の世界に浸み切っておるから、艮の金神が神世一代の苦労を致して、五六七の大神様の御加勢で、水晶の神世に立直す経綸であれども、永らくの間泥に浸みた守護神人民であるから、何ほど言い聞かしても耳へ這入らず、泥の世界から暗の世界へ落ち行こうと致す、一寸先の見えぬ身魂になりて、今ではがいこくじんよりも劣りた人民がたくさんできておるから、神もなかなか骨が折れるぞよ。

今が世界の大峠の坂に掛かりた所で危機一髪の場合であるから、せめて因縁ありて引き寄せられた大本の役員信者が、一日も早く改心いたして、我身の荷物を軽くいたして、千騎一騎の活動を致して、千載一遇の神業に参加いたして、末代の晴れの舞台を踏みてくだされよ。神は信心の旧い新しいは申さんから、判りた人から我一と神国成就のために活動いたして、天地の祖神様の御神慮を安んじ奉るように致してくだされ。小さい物質の欲位に心を曳かれておるようなことでは、到底この度の大神業は勤まりは致さんぞよ。

神の方には役員信者の区別は致さん、身魂の研けた人民から神徳を渡すから誰によらず身魂次第で、神界から黙りておりて御用をその人の知らぬ間に致さしておるから、その覚悟を致しておらねば大間違いができるぞよ。神界は誰彼の区別はないから、身魂の研けた人民からそれぞれの御用に使うておるから、まだこの大本の名も在所も何も知らぬ人民でも結構な御用がさしてあるぞよ。それでこの大本はほかにもたくさんに経綸の御用が致さしてあるから、油断は一寸もできんと申して、いつも筆先で気を注けてありたのじゃぞよ。

これからまだまだ神界の経綸の良く解る、結構な御用のできる守護神人民を、地の高天原へ引き寄せるから、大本の神霊界を充分に骨折りて世界へ広めてくだされ、神が守護を致すから、まだまだ経綸の人民が世に隠れておるぞよ。その人を一日も早く引き寄して、経綸の御用に使わねば、神界が後れるばかりで、世界の人民の困難が永くなるばかりであるぞよ。神の警告した筆先を見いでも、少しでも身魂の光りた守護神人民でありたら、この後の世界のなり行きの様子が見当が付かねばならぬように、世の中の様子が変わりて来ておるのに、体主霊従のがいこくの身魂に染み切りておるから、先が見えぬどころか、我身の脚下へ火が焼えて来て、身体が半分火傷する所まで気が付かぬような、動物よりも劣りた穀潰しの人民が、幾千万人おりた所で、何の役にも立ちは致さん、米食虫のうじむし同然、国が立とうが立つまいが、がいこくに奪られようがどうなろうが、我身さえ気楽に食えさえしたら良いという今の世界の有様、今に人が人を食うようになるから、そうなりたら一旦この世界を根本から元の○○に致して、改造さねばならぬから、なるべくはこのままで世界の人民を改心さして、世を立てたいのが艮の金神の一心であるから、後で取り返しはならんから、同じことをクドウ申して知らすのであるから、日本の人民神の生き宮ならチットは神の心も推量してくだされよ。

艮の金神　大国常立之尊が、天照彦之命の御魂の宿りておる、坤の金神の生き宮、言霊幸彦命の手を借りて、天地の開けた時からの世の成立から、神々の各自の御活動を書いて知らすぞよ。

田庭の国は世界の始まり、淤能碁呂島の正中で、天地を造り固めた世の音の世の元、言霊の最初に鳴り出でし、天地経綸の霊地であるぞよ。出口の守と申すのも言霊の活用のことであるぞよ。それで綾部の大本へ出て来ねば、天地を一声の下に震動させ、雨風を自由に使い、雷神を駆使するということはできぬのであるぞよ。天地経綸の神力なる言霊アオウエイ五大母音は、綾の高天原の神屋敷が大本であるぞよ。人体を備えた五男三女の神は、近江の国が始まり、その他の生物は八木が始まりであるぞよ。この言霊の初まり、丹波綾部、竜宮館の地の高天原、神宮本宮の神屋敷に、伊都の身魂、瑞能身魂の二柱が表れて、元の神世へ世を捻じ直す時節が来たのであるぞよ。式三番叟の歌にも、今日の三番叟、天下泰平、国土成就、日は照るとも曇るとも、鳴るは五十鈴の瀧の水々々々、千秋万歳、処も富貴繁昌、この色の白き尉どのが治め参らせ候ことは何よりも易きことにて候。元の屋敷へお直り候と申すことは、今度の二度目の世の立替えの、変性男子と女子との活動のことやら、綾部に二柱の神の立ち帰りて、天下泰平に世を治めて、万古末代続かすということの神示が、神界から作りてありたのじゃぞよ。三千世界の立替えの三番叟も恙なく相済みて、弥々初段が世界に始まりたから、皆一日も早く改心致さぬと後の祭りになりて、肝心の晴れの舞台に登場できんぞよ。

○

世界の人民は皆天地の神の分霊分体であり、また神々の宿にて世界を開発く生き宮であるぞよ。中にも日本は豊葦原の中津国と申してあるが、その中津国に生まれた人民は殊更上級の神々の生宮であるから、神国の神民は上御一人の現人神を真の親とし主となし師と致して上下心を一に固めて、天地の経綸を行うべき天職のあることを悟り、一日も早く今までの誤りた精神を立直して、二度目の天の岩戸を開いて、常世往く黒白も分かぬ暗黒界を光り輝く神世に致さねば、天地の神々様に申し訳が立たぬぞよ。

この大本の教えが真実に腹に納まりて、その行いができる人民でありたら、それが誠の差添えの種であるぞよ。これから本の種を現して善と悪とを分けて見せるぞよ。この神の経綸は何ほど悪の種でも今度の際に改心さえ致したなら、元の胤を表さずに善と悪との真釣り合わせを致して御用を致さすから、この金神の慈悲心が心の底に浸み徹りたら、如何な悪魔も改心せずにはおれぬようになりて、心から発根と改心いたすようになるから、第一番にこの大本の内部から充分身魂を清らかに致さんと、世界の神と守護神人民に押しが利かんぞよ。今が大本の千騎一騎の改心の時であるぞよ。一日でも後れるほど世界が永く苦しむぞよ。

この地の世界の始まりは世界一体に泥海であって、光も温みも何ものもなかりたぞよ。丁度譬えて曰えば朧月夜の二三層倍も暗い冷たい世界で、山も河も草木も何一種なかったのであるぞよ。その泥の世界に身の丈は五百丈ばかり、身の太さは三百丈ほどもある蛇体の荒神が住居しておられたのが、御精神の良い大神様の前身で、これが五六七の大神様とおなり遊ばしたのであるぞよ。誠に長閑やかな御神姿で、鱗は一枚もなし、角も一本もなし、体の色は青水晶のような立派な神様で、天地の元の祖神となられたのであるぞよ。この世を創造して、天地を開くことに非常に苦心遊ばしましたのが、この大神様が第一番で、ミロクの大神ともツキの大神とも申し上げる御神様であるぞよ。世界を造るについて非常に独神でご心配を遊ばして御座る所へ、同じく似たような御神姿の大蛇神が現れたが、この神には十六本の頭に角が生えて、その角の先から大変な光が現れておる神様に、五六七の大神様が世界創造のご相談をお掛けになったのであるぞよ。

さてその時の六六六の大神様の御言葉には、いつまでこうして泥の世界の暗い所に住居を致しておっても、何一つの楽しみもなし、何の功能もなし、たくさんの眷属もあることなり、何とか致して立派な天地を造り上げ、万の眷属の楽しく暮らすように致したいのが、我の大望であるが、其方様は我の片腕となりて天地を立て別け、美わしき地上の世界を造る御心はありませぬかとお尋ね遊ばしたら、日の大神の前身なる頭に十六本の光る角を生やした大蛇神様がお答には、我身は女体のことなり、かつまたこんな業の深い見苦しき姿でありますから、貴神様のような御精神の良い、立派な神様の片腕になるということは、恐れ入りて御言葉に従うことができませぬと、大変に謙ってご辞退を遊ばしたなれど、六六六の大神様が強いて御頼みになり我の片腕になるのは其方様よりほかにない、我が見込んでおるからとの仰せに、日の大神様も左様なれば御本望の遂ぐるまで我身の力一杯活動いたして見ます、さる代わりに天地が立派にでき上がりましたら、我を末代貴神様の女房役と致してくだされ、私は女房役となりて万古末代世界を照らしますとのお約束が地の高天原の竜宮館で結ばれたのでありたぞよ。

そこへ艮の金神の前身　国常立尊の荒神が現れて、世界を造り遊ばすお手伝いをさしてくだされとお願い申し上げたのでありたぞよ。そこで六六六の大神様が早速にご承知被下て仰せ遊ばすには、その方は見掛けによらぬ誠忠無比の神であるから世界の一切を委すから、落度のなきように致すが良かろうと仰せられ、その上に国常立之命に思兼の神と申す御名をくだされ、八百万の神様を天の山河澄の川原に集めて、一人の眷属も残さず相談の仲間へ入れて大集会を遊ばしたので、地のある限りに住居いたしておれる蛇体の神々様が集まり合うてご協議の上、六六六様の仰せの通りに国常立之命を総体の局に選みくださりたのであるぞよ。

そこで八百万の神々の意見を聞き取りて、その由を五六七の大神様へ申し上げたら、日の大神 伊邪那岐之尊様と月の大神五六七様との御二体の大神様が更に集会あそばして、国常立之尊を地の造り主と致すぞよとの御命令が下りたので、この方が地の主宰となりて多陀与幣流地面を修理固成いたしたのであるぞよ。

天も水（六）、中界も水（六）、下界も水（六）、で世界中の天地中界三才が水（六）ばかりでありた世に一番の大将神の御位でお出で遊ばしたので、六（水）を三つ合わせてミロクの大神と申すのであるが、天の水の（六）の中から、の一霊が地に下りて五（火）と天が固まり、地の六（水）に、の一霊が加わりて地は七（地成）となりたから、世の元から申せばミロクは六六六なり、今の世の立直しの御用から申せばミロクは五六七となるのであるから、六百六十六の守護は今までのミロクで、これからのミロクの御働きは五六七となるのであるぞよ。

国常立之尊が世の元を修理固成るについて、天地中界の区別もなく、世界は一団の泥土泥水で手の付けようがなかりたので、堅いお土の種をミロクの大神様に御願い申し上げたら、大神様が直ぐにご承知になりて、一生懸命に息を吹き懸けなされて一凝りの堅いお土ができたのを、国常立之尊の此方にお授けになりたので、その一団のお土を種に致して土と水とを立て別け、山、川、原、野、海を拵えたのが、地の先祖の大国常立之尊であるぞよ。艮の金神　大国常立之尊の姿は今まで筆先にも現したことはなかりたなれど、畏れ多きミロクの大神様、日の大神さまの御神姿まで筆先に出して知らしたから、いつまでも発表を見合わすことができぬから、実地の姿を書き誌すぞよ。

大国常立之尊の元の誠の姿は頭に八本角の生えた鬼神の姿で、皆の神々があまり恐ろしいと申して寄り付かぬように致した位の姿であるから、今の人民に元の真の姿を見せたら、震い上がりて眼を回すぞよ。

月の大神におなり遊ばした五六七の大神様と日の大神様と、御二体の大神が（水火）を合わして天を固めにお上がり遊ばした霊場が今の綾部の神宮本宮の坪の内、竜宮館の地の高天原であるぞよ。日本は世界の中心であり、綾部は日本の中心であるから、天地の神々が世の元から昇り降りを致されたり集会を遊ばし坐して、天地を造られる折にご相談なされた結構な霊地であるから、その時分にはたつ鳥も落ちる勢いの場所で言霊の世の元でありたぞよ。

その後に艮の金神が八百万の邪神に艮へ押し込められてから、一旦は悉皆影も形もなきように亡びてしもうたが、時節参りて煎豆にも花が咲きて再び国常立之尊の世に世が戻りて来たから、変性男子と女子との身魂を借りて、世の元からの因縁を説いて聞かせる世界一の大本となりたのであるぞよ。

天の固まりたのは御二体の大神様が天へ上がりて、各自に水火を合わしてキリキリと左右に三遍御舞いなされて伊吹の狭霧を遊ばすと、それで天が完全に固成たのであるぞよ。次にまた吹き出したまう伊吹の狭霧によりて天に幾億万の星が出現したのであるぞよ。その星の数だけ地の世界に生物が育ちたら、それで一旦世の洗い替えになるのであるぞよ。天は判然と造れたなれど、まだ地の世界が充分に固まりておらなんだ際に、頭に十本の角の生えた大蛇神が、我は地の世界の修理固成の加勢よりも天へ上がりて天上から働きたいと申されて、天で○○○○○となられたのであるが、大変な御神力が強いので御惣領にしてあるなれど、今の世界の人民の思うておるようなことは神界の様子はまた大変な違いであるぞよ。

それで先ず天の方は固まりて動かぬことになりたなれど、国常立之尊の主宰する地の世界はまだ充分の所へは行っておらんから、この方が先途に立ちて、地のあらん限り方々の神に申し付けて、持ち場持ち場を固めさしたのが国々の国魂神であるぞよ。その折には何れの神も心一つに素直に活動なされて、地の世界もほどなく固まりて目鼻が付くようになったのであるが、今のろ国の方面に八頭八尾の大蛇神が住居いたしておりたが、その蛇神の目的は綾部の高天原を中心としておいて、自身が天へ上がりて天から末代地の世界を守護いたしたいという思わくでありたなれど、それより先に天を造りたいと思うてそれぞれ苦労を遊ばしたミロク様なり、一番に相談に乗って供々に活動なされた日の大神様なり、地の世界は国常立之尊なり、世の元の根本の始まりに天地三体の神が八百万の神を集めて天地を創造いたしたその後へ八頭八尾の巨蛇神が現れて、何ほど天地を自由に致そうと思うても誰も相手に致すものがなかったのであるぞよ。

その八頭八尾の蛇神が地の世界を充分乱らしておいて、我の自由に致す考えで種々と甘いことを申して誠の神まで手に入れて、この神国の世を持ち荒らし、終いには地の先祖のこの方まで押し込めるように企みて悪の目的が今まではトントン拍子に面白いほど来たなれど、今度は艮へ押し込められておりたこの方が、時節で世に出て地の世界の一切を主宰するようになりたから、改心いたせば供々に手を曳き合うて神界の御用に立ててやるなり、改心できねば弥々艮めを刺して往生さすぞよ。

大正八年二月二十日（旧一月二十日）

艮の金神　国常立之命の御魂が、瑞の御魂の宿りておる言霊幸彦之命の手を籍りて、世界の根本の成立を書きおくぞよ。

天は日の大神　月の大神様は御両神がお固め遊ばして結構であれど、地の世界は八百万の荒神を使うて所々の持ち場をそれぞれに凝めたなれど、山にも野にも草木一本もなく、全然炮烙を伏せたような有様であったから、国常立之尊が一旦天へ登りて、御両方の大神様に地上繁栄の御指示をお願い申し上げたら、天の御二方様が仰せには、世界の大体を固めるには勇猛な神力が要るから、○○の姿でなければ活動ができぬなれど、この通り山川海野ができ上がりた上は、山野に草木を生やさねばならぬから、天にも夫婦が水火を合わして活動したのであるから、地にも夫婦ということを拵えて陰陽を揃えねばならぬとの御神言であったから、艮役の金神が女房をお授けくだされたいとお願い申し上げると、天に坐します御二方様が頭に角の四本ある◯◯のヒツジ姫命を女房にお授けくださりたから、艮の金神は未姫の神と夫婦となり、両神が水火を合わして山に向かって、ウーとアーの言霊を産み出し、一生懸命に気吹を致すと、山の上に雌松が一本生えたのが木の世界に現れた根元であるぞよ。松が一本限りでは種ができぬから、今度はヒツジ姫が一神で気吹放ちを致すと、また雄松が一本できたので、二本の松の水火から松傘が実り種を生みして、今のような世界の良き土地に限りて、松が繁り栄えるようになりたのであるぞよ。

松を木の公と申すのは世界に一番先にできたからであるぞよ。綾部の大本は天地の初発の神が現れて世界の経綸を致す霊地であるから、松の大本とも申すのであるぞよ。

天に坐します日の大神　伊邪那岐之尊様が九天の日向のアオウエイ五大母音のカサタナハマヤラワで禊身し給い、祓戸四柱の神様を生み遊ばし、最後に右の御眼を洗いて月球を造り、左の御眼を洗いて日球を造り、御鼻を洗い給いて素盞嗚之命を生み遊ばし、御自分は天の日能若宮に鎮まり遊ばし、月の大神様は月界の御守護を遊ばすことになり、天照大御神様は天上の御主宰となられたが、素盞嗚命は海原を知ろし召すべしと仰せられたので、天よりお降りになり、海原の守護となられたのであるぞよ。海原の守護と申すことは全地上の主宰であるが、艮の金神　坤　の金神が既に大体を修理固成いたした所へ大地の主宰神がお降りになったので、天にも御両方の神様がお固め遊ばした所を天照皇太神宮様が総主権をお持ち遊ばしたのであるから、地の世界も天に従うて主権を素盞嗚尊にお譲り申し上げ、艮の金神　坤　の金神は地の上の一切の世話を致して時節を待つことに致しておりたぞよ。

この大神様は神代の英雄で何事もハキハキと万事を片付ける器量のある神様であれど、あまり行り方が激しかったので、地の上の守護神が色々と苦情を申して、終いには大神の御命令を一柱の神も聞かぬように立ち到ったので、大神様も地の世界が厭になり、月の大神様の守護遊ばす夜見の国へ行くという覚悟を遊ばしたのであるが、それまでに天に坐します姉神の天照皇太神宮に暇乞をなさんと仰せられ、大変な御勢いで天へお登りになったから、山川も国土も一度に震動して大変な事変になったのである。そこで天上に坐します天照大御神様が非常に驚きなされて、彼のような勢いで天へ上がり来るのはこの高天原を　弟　神素盞嗚尊が占領する心算であろうと思し召して、大変な戦いの用意をさしてお待ち受けになり、天の八洲河原において互いに誓約を遊ばし、御両神様の御魂から五男三女の八柱の神がお生まれ遊ばしたのであるが、これが神が人間の肉体になりた初まりであるぞよ。

口で申せば短いなれど、この誓約を遊ばして八柱の神をお生みになる間というものは、数十万年の永い月日が掛かりておるぞよ。その間に艮の金神と坤　の金神が相談いたして天照皇太神宮様の御妹神　若日女君命を天から下げて戴き、地の世界の主宰神と仰ぎ奉り、世界経綸の機を織りつつ、世界を治めておりたのであるぞよ。

若姫君尊は三男五女神の八柱神を養育して、立派に神代の政治を遊ばしておりた処へ、元の素盞嗚之命様がまた地の世界へ降りて非常に御立腹遊ばして、若姫君命の生命を取り、天も地も一度に震動させ、再び常夜の暗となり、万の妖神が荒れ出し、どうにもこうにも始末が付かぬようになりたので、天に坐します天照大御神様は終に地球之洞穴へお隠れ遊ばし、天も地も真の暗となってしもうたので、八百万の神々が地の高天原の竜宮館に神集いして、艮の金神は思兼神となりて、色々と苦心の末に天之岩戸を開き、天地は再び照明になったのであるぞよ。

そこで神々様の協議の結果、素盞嗚尊に重き罪を負わせて、外国へ神退いに退われたので、素盞鳴尊は神妙に罪を負い、贖罪のために、世界中の邪神を平定遊ばし、終には八岐の大蛇を退治して、叢雲の剣を得、これを天照皇大神に奉られたのであるぞよ。その時に退治された八頭八尾の大蛇の霊が近江の国の伊吹山に止まり、日本武命に危害を加えておいて、元の露国の古巣へ逃げ帰り、色々として世界を魔の国に致す企みを致して、今度の世界の大戦争を始めたのであるぞよ。日本を一旦は覗うたなれど、あまり神力の強い国土であるから、海を渡りて支那や、印土を乱し、露国までも潰し、モ一つ向こうの強い国の王まで世に落とし、まだ飽き足らいで、今度は一番大きな国へ渡り、日本の神国を破りて、魔の国に致す仕組を致しておるから、日本の人民は日本魂を研き上げて、一天万乗の大君を守り、大神を敬まい、誠を貫かねば、今の人民のように民主主義に精神を奪られておるようなことでは、今度は八岐の大蛇に自由自在に潰されてしまうから、日本神国の人民は一日も早く改心致してくだされと、クドウ神が申すのであるぞよ。

素盞嗚命は外国へ御出で遊ばして一旦は陣曳きを遊ばしたので、地の世界に肝心の主宰神がなくなりたから、撞の大神様が元の地の世界を締め固めた国常立之尊に改めて守護致すようにとの御命令が下りたので、夫婦揃うて一旦潰れてしもうた同様の世界を守護いたしておりたなれど、あまり厳しい固苦しい世の治方であるから、八百万の神々が心を合わして、天の大神様へ艮の金神 根の国へ退去するようの御願いをなされたので、天の大神様は兎も角も時節の来るまで差し控えよとの厳命でありた故に、神教の通り素直に艮へ退去いたしたのでありたぞよ。その時から艮の金神は悪神という名を八百万の神から付けられて悔し残念を堪り詰めて来たお蔭で、一旦この世が泥海になる所を受け取りて、世の立替えの後の立直しの御用を勤めさして頂くようになりたのであるから、何事も時節を待てば、煎豆にも枯木にも花の咲くことがあるから、時節の力くらい恐ろしいものの結構なものはないから、人民も物事を急かずに時節さえ待ちたら何事も結構が出て来るから、辛抱が肝要であるぞよ。

艮の金神が世の始まりに地の世界を造り固め、次に夫婦が呼吸を合わして、種々の樹木や草を生み出したその間が数万年、それから蛇体の神ばかりでは世界の隅々まで細やかに開くことができぬから、八百万の神の知らぬ間に人間を作ることを考え、終に夫婦の人間を水と火と土とで造りたのが永い間掛かりて苦労致したのであるぞよ。五男三女の八柱神は竜体から変じて生まれられたのであれど、普通の人間は土の中で蒸し湧かしたのであるぞよ。今は暗がりでも人民が安々とできるように世が開けて、人民が腹に児を孕むように容易いことになりておれども、矢張り艮坤の両神が守護いたさぬことには、猫の子一疋産むということはできぬのであれども、今の人民は男と女と寄りさえすればいつでも勝手に児が生まれるように取り違いを致しておるから、神の恩ということを一つも思わぬから、我児が我の自由に言うことを聞かぬようになるのであるぞよ。我の体内を借りて生まれるから、仮に我児と名を付けさしてあれど、実際は神が天地経綸のために道具に使うように生ましてあるのじゃぞよ。

大正八年二月二十一日（旧一月二十一日）

艮の金神 国常立之尊が竜宮館の地の高天原の神屋敷に現れて、天照彦之尊の御魂の宿りた言霊幸彦命の体内を借りて、世界改造の筆先を誌しおくぞよ。明治二十五年から大出口直の手を借りて世界に出現事変一切を日本の守護神人民に警告しておいたことの実地が近よりて来たぞよ。

日本の神国に生まれて来た身魂は皆日本魂の性来が授けてありて上中下の三段の身魂が天から降して世界を経綸させるように天国の政治を地上に写して、君と臣と民とに立て別けてあれども、今は世が逆様になりておるから、民の身魂が大臣小臣となり、大臣小臣の身魂が民の位置に落ち、その上に八頭八尾の邪神が守護いたして、この世を体主霊従の行り方に乱してしもうて今の世界のこの惨害、これを何とも思わぬようになりたのは、日本及び世界の人民が皆けものに欺され切っておるからであるぞよ。世界を経綸する天職の備わりた日本の人民は日本魂が薩張り抜けてしもうて、九分まで獣畜の身魂になっておるぞよ。天地開闢の初めの世からの約束の時節が参りたから、愚図愚図致しておれんから、今の静まりてある間に一日も早く身魂を研いておらんと、東の大空から西の谷底へ天の火が降ることが出来いたしたら、俄に橡面貌を振ってアフンと致さなならぬようになるぞよ。それで一日も早く日本魂を研けと申すのであるぞよ。

日本魂と申すものは天地の先祖の神の精神と合一した心であるぞよ。至仁至愛の大精神にして、何事にも心を配り行き届き、凶事に逢うとも大山の如く、微躯とも致さず、物質欲を断ちて精神は最も安静な心であるぞよ。天を相手とし凡人と争わず、天地万有山野海川を我の所有となし、春夏秋冬も昼も夜も暗も雨も風も雷も霜も雪も、皆我言霊の自由になし得る魂であるぞよ。如何なる災禍に逢うも艱苦を嘗めるも意に介せず、幸運に向かうも油断せず、生死一如にして昼夜の往来する如く、世事一切を惟神の大道に任かせ、好みも無く恨みもなさず、義を重んじて心裏常に安静なる魂が日本魂であるぞよ。常に心中長閑にして、川水の流るる如く、末に至るほど深くなりつつ自然に四海に達し、我意を起こさず、才智を頼らず、天の時に応じて神意に随って天下公共のために活動し、万難を撓まず屈せず、無事にして善を行うを日本魂と申すぞよ。

奇魂よく活動する時は大人の行い備わり、真の智者となり、物をもって物を見極め、自己に等しからんことを欲せずして身魂共に平静なり。小人なるものは自己を本として物を見、自己に等しからんことを欲するが故に、常に心中静かならず、これを体主霊従の精神と申すぞよ。今の世の中一般の心は皆この心であるぞよ。誠の日本魂のある人民はその意志平素に内にのみ向かい、自己の独り知る所を慎み、自己の力量才覚を人に知られんことを求めず、天地神明の道に従い交わり、神の代表となりて善言美詞を用い、光風霽月の如き人格を具えて自然に世に光輝を放つ身魂であるぞよ。心神常に空虚にして一点の私心無ければ、常永に胸中に神国あり、何事も優れ勝りたる行動を好み、善者を喜びて友となし、劣り汚れたるを憐み且つ恵む、富貴を欲せず羨まず、貧賤を厭わず侮らず、只々天下のために至善を尽くすことのみに焦心す、この至心至情は日本魂の発動であるぞよ。

我身富貴に処しては君国のために心魂を捧げ、貧に処しては簡易の生活に甘んじ、欲望を制し仮にも他を害せず、自暴自棄せず、天命を楽しみて自己応分の天職を守る、これが日本魂の発動であるぞよ。天下修斎の大神業に参加するとも決して周章ず騒がず、身魂常に洋々として大海の如く、天の空しうして鳥の飛ぶに任すが如く、海の広くして魚の踊るに従うが如き、不動の精神を常に養う、これが神政成就の神業に奉仕する身魂の行動でなければならぬのであるぞよ。

凡人の見て善事となすことにても神の法に照らして悪しきことはこれをなさず、凡人の見て悪となすことにても神の誠の道に照らして善きことは勇みてこれを遂行すべし。天意に従い大業をなさんとするものは、一疋の虫と雖も妄にこれを傷害せず、至仁至愛にして万有を保護し、世の乱に乗じて望みを興さぬ至粋至純の精神を保つ、これが誠の日本魂の発動であるぞよ。

今度の二度目の天之岩戸開きの御用に立つ身魂は、これだけの身魂の覚悟が無ければ、到底終わりまで勤めるということはできんから、毎度筆先で日本魂を研いてくだされと申して知らしてあるぞよ。

今の日本の人民は九分九厘まで日本魂が曇り切りてしもうておるから、今の人民の所作柄と申すものは薩張り精神を利害のために左右せられて、一寸先は暗黒であるから、いつも心が急ろしうて、一寸の事変にも狼狽え騒いで、顔の色まで変えてしまう人民ばかりであるぞよ。これでは到底日本の神国の人民とは申されんぞよ。今の人民の精神と申すものは体主霊従であるから心は平素外面ばかりに走り、人前だけは殊勝らしく慎しみておれど、内心と申すものは頑空妄慮であるから、少しのことにも微躯付いてがいこくのけものに食わえて振るような難に逢されておりてもまだ気が付かぬ厄介な人民であるぞよ。

今の人民は霊界の事実が頭から少とも解りておらんから、万古末代生き通しの真理を弁えず、現世でさえ立派に暮らしたら死後はどうでも構わぬという一般の馬鹿な身魂であるから、天地神明の御威光も畏れず、現世の富貴安逸快楽のみに心を奪られて、貧しきを蛇蝎の如くに忌み嫌い、精神が腐ろうが天則をはずそうがそんなことには毛ほども心配いたさず、黄金万能主義の信者に落ち込み、国家のために身命を捧げんとする真人を馬鹿もののように罵り嘲り、死ぬことを厭い、下らぬ体欲に耽りて、肝心の天の使命の降った神の生き宮の身魂であることを忘れておるから、世界は日に増しに悪事災害が発生いたすのであるぞよ。

少し順境に向かえば千年も万年も生きたいと申し、少し逆境に落つれば直ちにこの結構な神国を畏れ果敢なみ、誠を忘れ、利欲に眼眩みて、義を弁えず天命を覚らず、自己よりも富貴の人を羨やみ且つソネミ、自己よりも貧賤なる人を侮り軽蔑み凌ぎ苦しめ、才智芸能の自己より勝れたる人に従い学ぶことをなさず、却って之を譏り自己の足らざるを補う精神毫もなく、善かれ悪かれ自己を賞め、且つ自己に追従するものを親しみて害毒を招き、遂にまたこれを悪み、智者賢者に問うことを愧じて一生無知愚鈍の生活を送る、憐れな今の世界の人民の度根性であるから、いつまでも世の中が暗黒界で、我と我手に要らん困難を致す人民ばかりで、神の眼からは可愛想で見ておれんから、今度は神が表に現れて世界の人民の目を醒まして改心さして、結構な神代に立直すのであるぞよ。

あまり世界の曇りようが激しいから、神界もなかなか骨が折れるぞよ。世界の人民の中の悪の身魂を平げてしもうて、世の立直し致すのなれば容易なれど、神は世界の人民を一人もツツボに致しともないから、色々と申して永らく出口直の手で警告したのであれども、あまりいつまでも守護神人民が聞いてくださらぬと止むを得ずのことに致さねばならぬから、神もなかなか辛い思いを致しておるから、日本の人民ならチットは神の心も推量いたして、早く身魂を研いて、神国の行動をしてくだされ。いつまでも神は人民に説き諭しておる暇がないから、改心いたすなら今の間であるぞよ。

今の人民の心に合うような行為は誠の神の心に叶わず、神の心に叶う行為いたす人民は俗悪世界の鼻の高い人民の心に叶わぬから、腰の弱い日本魂の腐りた人民は残らず今の世界の人民に従いてしもうて、譬え天道に叶わぬことでも世界の人民の善いと申すことは靡くなり、天道に叶うた結構な事業でも世界から悪く言われたら直ぐに止めてしまうなり、ただ眼の前の名利を求め、形の欲に迷うて天津誠を知らず、故にこの結構な地の高天原の誠の教えを迷信教とか、怪宗とか、危険集団とか申して、新聞にまで書いて悪く申すのであるが、今の俗悪世界の新聞などに良く言われるような世間向きのする教えでありたら却ってこの大本の教えは悪の教えであるぞよ。悪く言われて良くなる経綸であると明治二十五年から知らしておいたことの実地が出て参りたのであるから、世間から悪く言われるほどこの大本の教えは結構になるのであるぞよ。

今の人民は人から褒められると過ぎたことでも大変に歓び、且つ人にほこり高振りたがり、また自己を譏るのを聞いては実際なれば驚き周章て顔の色まで蒼くし、無いことを譏られると大変に立腹いたして名誉回復の訟訴を起こし、自己の過失を飾り、または隠し、非を遂げて改心することを知らず、自己の心の邪悪なるを知りつつ、人が賞めてくれると自己の邪悪は誰も知らぬと気を赦し、自己の欲することは譬え少々罪悪なりと承知しながら、善人の諫言を耳に入れず、却ってその誠の人を悪人扱いに致すようになりた今の世の中であるから、況して誠の神の申すことは聞きそうなはずはなけれども、天からもろうた直霊の御魂にチットは尋ねて見たら、神の申すことは解らねばならぬはずであるぞよ。

結構な直霊を我身に抱えながら、小人罪を作りて知らぬとはあまりであるぞよ。間がな隙がな人の非事を探したり、人の名誉を毀けて自己の眼識が高くなったように考え、且つまたそれを偉いように思うて自慢を致したり、天道に背いて俗悪世界の名誉を求めたり、義に背いて利己主義を立貫き、高貴に媚びへつらい、もって我身の栄達を計り、人の目を眩まして利を企み、浮雲の如き富貴を希望して一生懸命に心身を労し、終には子孫断絶の因となるを覚らず、我霊魂の永苦を省みず、ただ現在においてのみ自己あることを知って人あることを知らず、自己に利益あれば公道を破り、人を害うをも顧みずして、近きはその身を亡ぼし、遠きはその家を亡ぼすことを知らず、我ほどの立派な利発ものはなしと慢心して獣族境界に安んじ、親子兄弟他人の区別もなく、利害の為には互いに敵視する今の世の中の有様。こんな没義道な汚らわしき世が、いつまでも続きそうなことはないぞよ。この世がいつまでもこの調子で行くようなことでありたら、天地の間は神は一柱もないのであるぞよ。

今度は地の高天原の竜宮館から、天地に神があるかないかを明白に解けて見せて、世界の人民に改心さして、松の世ミロクの神代と致して、世界一列勇んで暮らすように世を替えてしまうのであるぞよ。それになるまでに世界の黄泉津比良坂があるから、今の世の中の精神を根本から立替えてしもうて、誠の日本魂に立ち帰り、神国成就の御用を勤めて、末代神国の名を残してくだされ、神が誠のものにはドンナ神力も陰から渡してやるぞよ。一日も早い改心が結構であるぞよ。

明治二十五年からの筆先は充分に腹へ入れて見てもらわぬと、大変な取り違いを致すものができるぞよ。この綾部へ出て来ねば神徳がもらえんように思うて、一家を挙げて移住したり、今までの結構な職業まで捨てたり、学校を退学したりしてまで大本へ出て来るようなことは神慮に叶わぬぞよ。大本の祝詞の中にも、学びの術に戦の法に益々も開け添わりて、玉垣の内津御国は細矛千足国心安国と云々と出てあろうがな。学びの術を捨ててまで信心いたせとは申さんぞよ。それとも事情止むを得ぬことがあれば仕方はなけれども、悔しい残念を忍耐ることのできんような身魂でありたら、到底神の御用どころか我身一つさえも修まらんぞよ。

これから大本の中も充分気を付け合うて、落度のなき様に心得てくださらんと、この結構な神国の教えの名を汚すことになりて、却って世界から悪く申されても弁解のできぬことが出来するぞよ。この大本の名を汚すものは大本の中から出現するぞよ。外部からは指一本さえることはできぬ、完全であると、毎度筆先に出して知らしたが、余程これからは何彼のことを気配りいたして、神の教えに背かぬように善一筋の行いを致して、神の善き名を出すように致してくだされよ。何も分からずに人民の心の騒ぐようなことを申すでないぞよ。気を付けるぞよ。

大正八年三月七日（旧二月六日）

国常立尊が変性女子の手を籍りて、世界改造の次第を書きおくぞよ。

明治二十五年から神政開祖大出口直の手を借り口を借りて、警告したことの実地が現れる時節が参りたぞよ。

伊勢神宮の五十鈴川の十二の支流も今までは、その源泉を知らなんだなれど、弥々天の岩戸を開く時節が参りて来たから、この清き流れの末の濁りを、真澄の鏡の言霊に清め改め、世界を十二の国に立て別け、一つの源の流れに立直し、十二の国を一つの神国の天津日嗣の神皇様が、平らけく安らけく治めたまう松の御代に立代えるに付いて、神政開祖の身魂に二十五年に渡りて、人民の身魂を五十鈴川の流れに洗い清めて、漸く大正六年からは一段奥の鎮魂帰神の神法により、変性女子の御魂を御用に立てて、艮めの経綸に使うてあるなれど、今の世界の人民は、間口の広い奥行の短い、学ばかりに迷信いたして、この世は物質的学さえ修めたら、世界は安全に治まるように取り違いばかり致しておるから、天地の元の先祖の申すことはチットも耳へ這入らず、却って反対に迷信いたして、世界を恐喝ように悪く誤解て、種々とこの大本を世間から攻撃いたす者もできておるなれど、誠の神はソンナ少さいことに往生は致さんから、今に実地を世界へ表して見せてやるから、何なりと申して反対いたすが良いぞよ。

これでも今に大本の教えの誠が天晴判明て来るから、判明て来たらまた手を曳き合うて日本のため世界のために活動いたすぞよ。今は精神界が暗黒で何も判らんから、色眼鏡を掛けて、新聞屋までが色々と浅い観察を世の中へ触れてくれるなれど、これも神界の予定の経綸であるから、今の新聞雑誌は一生懸命に面白がって悪言を書き並べておるなれど、これも知らず知らずに神界から使われて、神の御用を致しておるのであるから、なかなかご苦労なお役であるぞよ。

明治二十五年から出口の手で、新聞に一旦はトコトン悪く言われて、跡で良くなる仕組じゃと申して、筆先で永らく知らしたことの実地が参りたのであるから、神界の経綸通りが回りて来たのであるぞよ。これからは日に増しに日本魂の研けた守護神人民が、地の高天原へ参りて来て、三千年の経綸の御用をいたすから、この大本の内部の役員は充分に日本魂を研いて、神国成就の御用に立ちてくだされよ。誠の者は神界から国々に配置りてあるから、段々と引き寄せるから、これからは眼が回るほどこの大本は急がしくなるぞよ。

何ほど世界から悪く申されても、肝腎の大本に誠の行為さえ致しておりたら、世界中が一塊になりて参りても、微躯とも致さぬ教えであれども、今の世界の人民に何ほど良く言われて賞められても、誠の教えが腸へ這入らず、誠の行為ができておらなんだら神界から赦さんから、心得た上にも心得て、日本神国の人民相当の行為をいたして、日本の国を擁護、神と皇上とに安心をして戴く、誠の行状をさせる、世界の大本であるぞよ。

今の世界の人民の精神を改造いたしておいて、世界の改造に掛かる経綸であるから、日本の人民は一日も早く神の洪恩を弁え、皇室の尊厳と国家の大使命と国民の天職を覚って、誠の日本魂に立ち帰り、一番にこの神国を修斎し、次に国民一致の神力でがいこくを平らけく安らけく治めてやらねばならぬのが、日本人民の神から与えられた大使命であるなれど、今の日本の人民は肝心の国体の精神を忘れて、がいこくの精神に誑されてしもうておるから、日本の国では絶対に天地が潰れても用いられん、民主主義を唱える鼻高ができて来て、何も知らぬ日本の人民が学者の申すことを信じて、それに付和雷同して約らんことを致すように曇りてしもうておるから、今が世界の性念場であるから、神が永らく苦労いたして、人民に気を付けるのであるぞよ。

○

天の大神様の五六七の御守護になるに付いて、一旦三千世界の大洗濯が始まりたら、この世が根本から覆りてしもうて、元の泥海になるより仕様が無い所であれども、艮の金神が世の元から悔し残念を堪りつめて蓄えて来た一輪の神力で、この世を受け取りて、善一筋の誠の神世に致すのであるから、第一番に世界の人民の御魂を改造ねばならぬから、なかなかの大事業であるぞよ。

今の世界の人民は、元の神から分けてもろうた結構な身魂を、残らず汚してしもうて、虫の息同様になりておるから、これに神力を渡して、生きた神国の御用を致させる経綸であるぞよ。今の人民の肉体は、生きて体主霊従の身魂で活動いたしておれども、肝心の本霊は物欲に圧えられてチットも活動いたさぬから、生きて動く死骸であるから、今の世界の人民の身魂に生命を与えて、天地経綸の御用を致させる大本の教えであるぞよ。

今の世界の人民は人生の本義を知らぬから、衣食住の物欲ばかりに迷うて、自分から肝心の人格を殺しておるものが七分あるから、艮の金神が明治二十五年から、世界の人民は今に三分になると申しておいたが、この神の申した通り、今の人民は人民としての資格が亡びてしもうて、誠の生命人格を保つものは、世界中平均して二分も面倒いぞよ。

今の人民は神の生き宮であるという人生の本義を忘れて、野獣のような精神に堕落てしもうておるから、人三化七ばかりで、誠の天職を弁えた誠の人民は二分より無いことに、神界から見ると亡びてしもうておるから、艮の金神が天地の神々へお詫びを致して、悪の身魂を善に生かして、穏やかな松の世　至仁至愛の神代に改造すのであるから、この大本へ引き寄せられた身魂は、神代から深い因縁があるから、天下の憂いに先だって憂い、神国成就の大神業を補助る天からの役目であるから、普通の神信心とは根本からの相違であるから、一身一家の勝手な利己的の信仰者は、世の元の神の気勘に叶わんのであるぞよ。

世の改造について、今度は二度目の天の岩戸が開けるのであるから、開けたら一旦はドンナ悪の身魂でも神の仁愛で、霊肉共に助けてやる仕組であれども、あまりいつまでも体主霊従の改心ができぬと、止むを得ずのことになるから、神は一人もツツボには落としたくもないから、早く改心いたしてくだされよ。体主霊従の守護神が改心いたしたら、その人の本霊は歓んで誠の道を守るようになるから、身魂に生命ができて来るぞよ。今の人民は八分まで生きた死骸であるぞよ。御魂さえ生きて働けるようになりたら、たとえ肉体は亡びておりても、神国の結構な生きた人民であるぞよ。生きた国家の守護神であるぞよ。

艮の金神は三十年で世の立替え立直しを致す仕組でありたなれど、あまり改心ができぬので立替えだけに三十年かかるから、後の立直しが十年も延びたから、それだけ世界の物事が遅れて来たから、一日でも早く神国成就いたすように、各自の身魂をこの大本の中から立替え立直して、三千世界へ鏡に出してもらわねばならぬぞよ。この大本は世界の鏡であるから、善悪ともに世界へ写るのであるから、大本から一番に水晶に研いてくだされと、永らくの間出口の手で気が付けてありたぞよ。一日遅れても世界は大変な困難であるから、地の高天原へ立ち寄る役員信者から早く改良いたさぬと、天地の神々様へ対して申し訳の無きことになるぞよ。筆先の取り違いいたしておる役員信者が、この大本の中にも大分あるが、これは慢神が強いから大間違いが出来するのであるぞよ。それで明治二十五年からの筆先を、十分に腹へ入れてくだされと、クドウ申してあるぞよ。

神の心と人民の心とは大変な相違であるから、誠の人民は神の心を汲み取りて、神心になりてくださらぬと、神界の誠の経綸は到底判りは致さぬぞよ。役員信者の間違うた言葉や行動が、この大本の教えの名を傷つけ、神の名を汚し、経綸の邪魔を致すのであるぞよ。外部からは指一本さえることのできぬ、立派な天地へ一貫した教えであれども、獅子身中の虫が大本の中に発生て、大本を破るのであるから、皆のお方心得た上にも心得て、獅子身中の虫にならぬように致してくだされよ。自分から誰も獅子身中の虫になろうと思うものは無けれども、知らず知らずの間に神の教えの大元を誤解いたして、間違うたことを申したり、変な行動を致して良い気になりておるから、神界の却って邪魔をいたすのであるぞよ。一生懸命に神の御用を致したと想うておる人民ほど、取り違いが多いのであるぞよ。綾部の大本は今が一番大事の大峠であるから、皆の役員信者が誠の日本魂を発揮して、天地に代わる大活動の時期であるぞよ。この大本の中の規則が定まりて、神から見てこれで結構と申すようになりたら、神はそこで天晴表面になるなれど、大本の規則が規まりて、善一筋の行いができぬ先に表面になりた処で、皆の者が橡面貌を振るばかりであるぞよ。神は早く表になりて、現界で活動いたしたいなれど、今ではモチト大本が定まらんから、早く何彼の行り方を変えてくだされよ。神急けるぞよ。

大正八年三月八日（旧二月七日）

天に坐します日の大神様は、天地初発の時から、世界万物を造りてこれを愛護し給い、永遠無窮に光を与え、地の世界を照らしてご守護遊ばすなり、五六七の大神様は人民よりも下に降りて、地のあらん限り、遺る隈なく、隠れてご守護くだされ、何一つ自由ということもなさらずに、万物を養育遊ばして御座るなり、地の固成主なる国常立尊は、坤の根神豊雲野尊と水火を合わして、それぞれの守護神にご苦労になりて地を固め締め、一旦は地の世界の主宰者となりたなれど、八百万の神のために永らくの間神の世一代艮へ押し込められて、陰からこの世を守護いたしておりたことの、誠の精神と行状が天地の大神様の御眼に留まりて、再び地の世界の神界を守護いたすようになりたのは、誠に神は満足であれども、これだけに乱れた世の中を、善一つの神代の神政に改造すのは、なかなか大業であるから、昔の神代に艮の金神と共に世に落とされた神々を、今度の天之岩戸開きの御用いたさすために、世に上げて神政成就の御用に使うから、その神々の名を上から上から表しておくぞよ。

大正八年三月十一日（旧二月十日）

艮の金神　大国常立尊　変性男子の身魂が、竜宮館の地の高天原に現れて、五六七の神政の御用を致さす、天照彦之命の憑りておる、変性女子の身魂の言霊幸彦命の手を借りて、何彼の神示を書きおくぞよ。

日本は豊葦原の中津国と申して、世の本の誠の天地の先祖が、初発に創造いたした結構な元の神国であるから、この神国に生まれた人民は勝れた身魂が授けてあるなれど、世界が段々と降るに連れて、肝心の元の因縁を忘れてしもうて、今ではがいこくじんと同じような身魂に化り切りて、後も前も解らぬ惨い状態に世が曇りておるなれど、日本の人民に我天職が判る者が無いから、物質上の発明は皆がいこくじんの専有物のように思い、がいこくほど文明な国は無いと、大変に崇敬致しておるが、それが八尾八頭の身魂に誑かされておるのであるから、日本の人民も良い加減に眼を覚すが宜かろうぞよ。

日本にはがいこくじんの末代かかりて考えても、どれほど骨を折りても真似のできぬ立派な教えがあるから、日本人の身魂が研けて水晶に立ち復りたら、ドンナことでも神力で発明ができるのであるぞよ。延喜式の祝詞にも天放ち水素利用、電気火力応用全土開拓云々と申して、天地を自由自在に開拓経綸いたす神業が現してあるなれど、日本の人民の心が汚れ、言霊が曇りてしもうておるから、枝の国の真似もできぬようになりてしもうたのであるぞよ。

世の始まりは今の世界のように、日本と外国の区別は無く、極めて平和に世が治まりておりたなれど、体主霊従の身魂が段々と増長いたして、国々が互いに分離し、自己主義の人民ばかりで、年中国の取り合いばかりを致すようになりて、世界の人民が皆大蛇と鬼とけものの容器になり果ててしもうて、今の世界のこの有様であるぞよ。何ほど人民が苦心いたしても、国際連盟を叫んでも、九分九厘で手の掌が反りてしもうて、却って世が段々乱れるばかりであるから、日本の人民は今ここで腹帯を確りしめて、日の大神の御威光を背に負うて、皇祖皇宗の御遺訓を遵奉いたして、日本神国の使命を全う致さねば、日本の人民と生まれさしていただいた功能が一つも無いから、今の日本の人民の危急存亡の一大事の秋であるぞよ。

日本は世界の総宗国であるから、外国からも昔は東海の君子国と申し、万世一系の大君と、天壌無窮の皇運隆々たる神国であるから、日本は世界中の国々の人民を愛護し、開発すべき天来の責任ある国であるぞよ。今のがいこくのように侵略や征伐や併呑などは絶対にならぬ、誠の神国であるから、日本の上下の人民は、至仁至愛至真至善至美の精神と行状を致して、天下に模範を垂れ、世界各国が日本の徳に悦服し、我大君に欣仰して仕え奉るべく、国民各自が努力いたさねば、この世をこのままに致しておいたなれば、世界は益々ちくしょう原になりてしもうて、終いには人間同士が肉を食い合うようになってしまうから、誠の日本魂の光る人民を一人なりとも余計に育て上げて、世界平和の大神業に使いたいと思うて、国常立之尊が明治二十五年から、出口の守の体内を借りて苦労艱難をいたし、変性女子の身魂を現して、世界の人民に誠を説いて聞かしておるなれど、今の日本の人民は九分九厘の所まで判らぬので、何か悪いことでも致しておるように、種々と致してこの大本の誠の経綸の邪魔を致せども、大本には誠ばかりで固めてあるから、人民が何ほど反対いたしても微躯とも致さんぞよ。

世間から反対いたせば致すほど、却ってこの大本は開けて来て、神力が増すばかりであるぞよ。この大本は外部からは如何なる悪魔が出て参りて、反対致しても、微躯とも致さぬ所であれども、内部から慢神誤解いたす守護神が現れて、大きな邪魔を致したり、この大本に因縁の深い身魂が慢神いたしておるから、その肉体へ金毛九尾白面の白狐の霊が憑りて、〇〇の直筆を持ってそこら中を迂路付いたり、大本の経綸を占領いたして、外で目的を立てようと致して、大本より外に出ぬはずの筆先を書いて、我の守護神でなければ天地の根本が判らぬと申しておるが、これが油断のならぬ神であるから、この大本の外から出た筆先は、一つも信用いたすことはできぬぞよ。二代三代の眼を眩まそうとして、一生懸命に骨折りておるなれど、瑞の身魂のある限りは厳重な審神者を致すから、到底思惑は立ちは致さんぞよ。

大正八年の旧二月十日から、日の出の守は肉体を代えて守護が致さしてあるぞよ。

変性男子と女子との筆先より他の筆先は信じてはならぬぞよ。外から出るのは皆受け売りや入れ言ばかりで、真偽相半ばしておるから、初めから目を通さぬがよいぞよ。

大本の中にも参考のためじゃと申して、隠れ忍んで写したり読んだり致しておるものがあれど、そんなことに骨を折るより、一枚なりと表と裏の筆先を腹へ入れるが結構であるぞよ。

悪魔と申す者は皆教祖の系統の中でも少しでも信用のある熱心な肉体を利用いたして、目的を立てようと致すから、充分に注意を致さんと、脚下から鳥が立つようなことが出来いたすぞよ。

大正八年三月十二日（旧二月十一日）

大正八年三月八日、旧二月七日に、遠州から納まりた旭昇石は、昔の神代の折に五六七の大神様が地へ分霊を下して、この世を隠からご守護遊ばしたのである、結構な天降石の神宝であるから、人民の自由に致すことのできぬ尊き御神体であるぞよ。本宮山に御宮が建ちたら、御神体としてお鎮まりなさるのであるぞよ。

次に同じ日に東京から綾部へ参り、同月の十一日に大本へ納まりた白蛇の霊石は、富士山神霊の金神の分霊　市杵島姫命の身魂であるから、これは竜神の御宮に鎮まり遊ばす御神体であるぞよ。

本宮山の空に三体の大神様の御宮が立ちたら、次の中段の所へ国常立之尊の宮を建て、坤の金神の御宮を阿奈太に建てて、日の出の神の宮をも立てて、天下泰平に世を治めたなれば、跡は七福神の楽遊びとなるぞよ。そうなるまでにこの大本は世界の守護神がたくさん寄りて来るから、余程確り身魂を研いて、日本魂に立ち帰りておらんと、恥ずかしきことが出来いたすぞよ。チョロコイ身魂ではよう堪らんぞよ。それでいつも腹帯を確り締めておらぬと、弥々の時になりて神徳を取り外すから、至仁至愛の神心になりてくだされと、クドウ気を付けたのであるぞよ。鳥も通わぬ山中の一つ家、出口の神屋敷に、八百万の神が澄みきりて、神の都を築く世界の大本、地の高天原であるから、世界の人民の思いとは雲泥万転の相違であるぞよ。

丹福隣県の綾部の本宮山の山中に、国常立之尊の一つ屋を建て、神の都と致すに付いて、弥々天地の守護神人民が尻曳き巻くり、東奔西走の結果、旧正月二十五日に弥々大本の支配となりたのも、昔から定まりた日限であるぞよ。里の童が尻巻くりはやった、今日は二十五日と申して尻を巻くって走り遊ぶのは、今度の五六七の大神の御宮の地場が神の手に入る神示であるぞよ。一度に開く梅の花と申してあるのも、この二十五日に因縁あるぞよ。菅公の祭礼は二十五日、梅は定紋なり、二月は梅の開く月、その月の二十五日にはカミからこの大本の教えや行り方を取り調べに参りたのも、神徳発揚の守護であるぞよ。

旧二月の十日いよいよ本宮山がカミの手続きを終わり、天晴神界の経綸の土台ができ上がり、三月八日には遠州より旭昇石が納まりたのも、弥々神威発揚の瑞徴であるぞよ。大正の義士四十八の神御魂、志士十六の芳しき花の経綸の成就して、天津日継の礎は、千代万世に動きなく治まる御代は大八洲、世界国々悉く、神と皇上との洪徳に、歓び集い奉る代の、来る常磐の美し御代、松竹梅の国の大本。

大正八年三月十日（旧二月九日）

国常立尊の筆先であるぞよ。

変性男子の御魂　稚日女命は世の初まりに、天若彦命と素盞鳴尊のために押し込まれて、八重九重に咲く芳しき花の蕾を、半開きにして散り亡せ給い、地に落ちて神代一代の永い艱難苦労を遊ばしたが、天若彦命の天の規則破りの罪を我身に引き受け、今まで善一つを貫いてお出でなされた、日本魂の誠の大神様であるぞよ。大本の役員からこの次第を了解いたしてくださらぬと、今度の仕組は根本が判らんのであるぞよ。稚日女命の肉体は上天いたして、天地の間を守護いたしておれるから、これからは世界の物事は速くなるから、一日の猶予もできぬぞよ。世の初まりから、誠の日本魂を天地に貫いて来られた御徳が、今度この世に表れて、天も地も一度に明らかに稜威が輝くようになりたのは、誠と苦労の結果であるから、この神の昔からの行状は世界の善の亀鑑であるぞよ。

また天若彦命は非常な狡猾な隠険な邪神であるから、誠の神様の御苦労の徳を横奪いたして、神の世を自由自在に持ち荒らした神であるぞよ。天若彦命は若姫君命の養育された黄金竜姫之命に恋慕して、天の規則を破り、貞操を汚さしめ、傍若無人の挙動を致し、終いに他の神々もその行動に感染して残らず天の罪を犯し、総損ないとなりてしもうて、皆の神が世に落ちねばならぬ始末となったのであるぞよ。それで今日までは元の誠の神は世に現れず、根底国の刑罰を受けて苦しみておりたなれど、今度の二度目の天の岩戸開きについて、艮の金神の元の誠が現れて来て、九ツ花が咲く時節が参りたから、善一筋を貫きてお出で遊ばした、若姫君命の養育なされた八柱の神を世に上げて、十葉の花を咲かす神代となりたから、今度の世の改造に昔からの神々の因縁を説き分けて、万古末代の世を治めて、神も仏も人民も、餓鬼虫けらまでも助けて、松の代ミロクの代と立直してしまうのであるから、なかなか骨の折れることであるぞよ。

大本の信者の中には、世の立替えと申すことを大変な誤解を致しておるものがあるが、世の立替えは神界幽界現界の邪悪分子を全部改革いたすという意味であるぞよ。世の立直しと申すのは昔の神代に皇祖の神々が御定めなされた通りの、完全無欠の神政を開いて、三千世界を天津日嗣の御威徳で言向け和し、天の下四方の国を平らけく安らけく知食し給う御神業の完成いたすことであるぞよ。

あまり大きな間違いで、アフンと致すことが来るから、充分に神の慈愛心になりて、筆先を眼を通してくだされよと永らくの間気が付けてあるのに、自己の心が汚いから、色々と疑うたり、取り違い致したり、中には途方も無いことを申して世界の人民を驚かすことになるから、神の深き慈悲心に照り合わして、我身魂の善悪を省みるが良いぞよ。

神からは世界の人民は皆我子であるから、しかりたりたらしたり、色々と致して改心を促しておるのであるから、大本の肝腎の役員から充分に神心を考えて、出て来る人に違わぬ教えを致してくだされよ。善になるのも悪に代えるのも、皆役員の舌一枚の使いようによるぞよ。人民の舌ほど結構なものの恐ろしいものは無いぞよ。

明治二十五年からの筆先を心を鎮めて覗いておりたら、神の誠の精神が判りて来るぞよ。八釜しう申さいでも神の知らしたことは世界から順に出て来るから、黙りておりて改心もできるなり、神徳も与えられるぞよ。

○

この大本には、昔の神代から罪を作りて来た体主霊従の身魂の人民ほど、先へ引き寄せて、御魂の借金済ましのために大望な神界の御用をさしてあるのであるから、その覚悟を致して、我一と神国のために尽くしてくださらぬと、我に神力学力があるから引き寄せられたように思うて油断いたしたら、大変な間違いができてくるぞよ。この大本は盛んになるほど敵が多く出て来るから、その敵対うて来た人民を、大切に致して親切に取り扱い、神界の真理を懇切に説き諭して、歓ばして改心さして、皇道大本の神の誠の教えに帰順いたさす経綸であるから、敵が殖えるほど段々と良くなるぞよ。今度の神界の経綸は強い敵ほど良き味方になりて御用を助ける仕組であるから、敵が殖えて来るほどこの教えは立派に開けるぞよ。

三千世界を開くということは、今までのような筆法で古事記を説いても、肝腎の奥の奥が明らかにならぬから、誠の神政復古は成就いたさんぞよ。今度は二度目の天の岩戸開きであるから、肉体そのままで天地のあらん限り、幽界現界に出入往来いたして、今の人民の知恵や学力で判らぬ神理を調べておいて、三人世の元の経綸が致してあるから、これが判りて来たら三千世界が一度に鳴るぞよ。三人世の本の因縁も、日の出の神の御苦労も鏡の如くに判りて来るぞよ。そこへなりたら如何な鼻高でも悪神でもなるほどと改心いたすなれど、この大本の経綸は世界中に仕組みてあるから、今に吃驚箱の蓋が開いたら、我も私もと申して世界中から綾部の大本へ詰めかけるから、今の内に充分の用意ができておらぬと、俄にトチ面貌を振るようになるぞよ。節分から世界の様子が大変に替わるについて、まずこの大本の内部から立替え改造を致すと申して知らしたことの実地が参りたぞよ。各自に腹帯を確りしめておらぬと、一つの峠がありても直ぐに後戻りをいたすと申したが、筆先の十分腹へ這入った人民は大磐石で、押しても突いても微躯りとも致さねど、浅い筆先の見様をいたしておる人民は、ヒョロ付いて後餅を搗いて、神力は落ちるなり、世界からは良い笑われものとなるから、いつも日本魂を研いておれと申して、細こう書いて知らしてありたぞよ。

艮の金神が綾の高天原の神屋敷に現れて、八百万の神を集めて、天の大神様から思兼の神と御命令を戴きて万物の種を編み出し、苦労いたして立派な神の世が造れたと思えば、天の若彦命が色々と勝手なことの行り放題で、天地の教えを根本から覆してから、世は段々と曇るばかり、上げも下ろしもならぬように、この神の眷属の羽張りようと申すものは、人の苦労を横奪ばかりでありたから、高天原から乱れて来て、今の世までも悪の種が伝わりて来ておるから、今の世界の人民の所作柄は、万物の霊長どころか、けものにも劣りた精神になり切りてしもうておるぞよ。一寸先も見えぬ所まで霊魂が曇り切っておるから、今度は天の時節が参りて、人民の霊魂に燈明を付けて、元の日本魂に生まれ返してやらねば、この世の泥海をこのままに致しておいては、モウこの后は一寸の間も、行きも還りもできんことになりて、何から破裂いたすやら分からんから、神は人民を助けたいのが一心であるから、一日も早く人民の首の位にある日本の人民から改心いたして、世界へ善一筋の良き鏡を出してくだされ、今に世界は激しくなるから、変性女子の身魂から水晶に研いてくだされよ。女子の身魂の改心さえできたら、世界の人民の改心が早くなるなり、改心が一日遅れたら遅れただけは、世界が永く苦しむのであるから、この大本の肝心のお方から日本魂に立ち帰りて、神国成就の御用を勤めてくだされよ。

大本の教えは知恵や学では何程考えても、人民力では見当の取れん、奥の深い経綸であるから、これからソロソロと変性女子の手で、順に時節に応じて知らすぞよ。大本の筆先はその人々の御魂相応に感得るように書かしてあるから、余程御魂を研かんと、真理の神意が判らんから、取り違いができるから、筆先を説く役員も聞く人民も、第一に神の心になりて考えてくださらんと困ることが出来いたすぞよ。筆先の御用いたして、錦の旗の経綸の御用を致しておる変性女子の御魂でさえも、今までは神界の機の仕組は判りておらなんだ位であるから、普通の人民には判らんのも無理は無いぞよ。それで今までは夜の守護であると申して知らしてありたなれど、大正八年からは弥々日の出の守護となりて、変性男子と女子との身魂が世界へ天晴現れるから、一日も早くこの大本の中から改心いたして、世間から見てアレデならこそ三千世界の大本、地の高天原であると申すようになりて来たら、一度に開く梅の花と申すのであるぞよ。開いて散りて実を結び、隅々までも澄み極りて、世界に輝く世の本の神の教えを、四方の国から尋ねて来る八ツの年、新畳でさえも打てば、埃の出る者なれど、何ほどたたいても埃一つ出て来ん所まで研き上げて、天地へ御眼に掛かる艮の金神の経綸であるから、その覚悟を致して、この大本へ出て来る人民は、世界並みの改心ぐらいではいかんから、研いた上にも研いてくだされといつも申して知らしてあるぞよ。世の諺にも、大きな器物には大きい影が刺すと申すなれど、大本の教えは大きな器でも小さい器でも、水晶に澄み極る処まで研く教えであるから、影と日向の区別無く、却って影には強い光が差す教えであるぞよ。毛筋の横幅も間違いの無い教えであるから、大本の信者は日本魂に立ち帰りて、毛筋ほどの虚言や詐りは致されず、悪いと申すことは露ほどもできぬ世の立直しの教えであるから、明治二十五年から艮の金神の教えは、他の教会の行り方とは天地の相違であると申すのであるぞよ。

我の心が写りて心相応に感得る神諭であるから、我の身魂の磨けん内から知った顔して筆先を説いても、大間違い大取り違いばかりになるから、口と心と行いの揃う誠の人民でないと、神諭の奥の精神は分からんぞよ。

大正八年四月十三日

艮の金神 大国常立尊が竜 宮 館の地の高天原に現れて、世界のことを書きおくぞよ。

変性男子の御魂の宿りておる出口直の手を借り口を借りて、明治二十五年から大正七年まで二十七年かかりて知らしておいた言葉の実地が出て来たぞよ。

由良川の水上の謂水の辺に流れも清き和知川 十二の支流を寄せ集め、三千世界の隅々へ、澄める教えを流えんと深き思いは神の胸、広しと雖三千歳の、経綸もここにアオウエイ、五大父音の音無瀬や、科戸の風の福知山、空吹く東風や北風の、塵も埃も外の国、皆舞鶴の入海に、流し清めて惟神、火水の稜威も荒磯の、砕くる日影月の影、月日も仲良く治まりて、神教の奥は大正の、一二三御代に厳々し、伊都の御魂の表れて、燃のこの世を開きつつ、地成の春夏秋の空、峰の頂四ツ尾の、木々のそよぎて畏こくも、高天原に登ります、最も尊き惟神、真道弥広大出口、国地王霊主の神魂、国稚姫の久良芸如す、漂う神国を、造り初め、経と緯とに織る機は、綾の錦の棚機や、千々に心を配らせつ、鬼も大蛇も瑞の霊、光さやけく美わしく、天の岩戸を開かんと、二代三代澄直霊、三千世界の梅の花、開く常盤の松みどり、竹の園生の弥栄に、栄えを松の神代かな、弥々ひらく大正の、八ツの御年の春よりぞ、花の香清く実を結び、世界の花と鳴り渡り、東も西も南北も、神の都と称えつつ、凝り固まれる九年、十年の春や秋の空、高く清けき神の国、世の大本と美わしき、名を酉年の芽出度けれ。

○

今の世界の人民はあまり学や知恵があり過ぎて神徳は言うに及ばず、人徳というものが、一つも無いから、今の世界のこの有様をなんとも思わずに、我身さえ好けりゃ他人は死のうが倒れようがチットも構わぬ自己本位の人民が九分九厘まで湧いておるから、いつまでも神国成就の経綸が出来上がらんから、今度は昔の元の天地の先祖が現れて、三千世界の改造を致すために、天の大神様の御命令を戴きて、地の先祖の国常立尊が神代一代世に落ちて仕組みいたした誠の道の玉手箱、開けても暮れても一筋の天津日継の弥高く四方に輝き渡す時節が参りたぞよ。

綾部の大本は神界の経綸で、変性男子を現して天地の神々や守護神人民に警告してありたなれど、最早天に帰りて天からの守護となりたから、これからは弥々変性女子の大化物を現して、三千年の経綸の艮めを差して世界を水晶の神世に造り代えてしまうぞよ。それについては大本の金竜殿の説教や演説の行り方から立直さぬと天地の先祖の神慮に叶わんぞよ。

今は世の堺の金輪際の千騎一騎の性念場であるから、因縁の御魂を日々遠近から引き寄して、明治二十五年からの筆先とこの大本の中にありた実地の談さえ致して、天地の先祖の苦労やら変性男子が鏡に出したその行状の有様やら、女子の心の底にある炬火を世に現して、充分に立ち寄る人民の腹の底へ浸み込むように平とう説いて聞かせる世界の大本であるのに、学者が聞いても容易に判りかけの致さん言霊学やら哲学のような話をしておりては物事が段々遅れるばかりで、神界は却って迷惑を致しておるぞよ。

この大本は改心改心と一点張りに申す所であるが、その改心はどうしたら良いかと申せば、生まれ赤子の何も知らぬ天真瀾漫の心に立ち帰りて大馬鹿になるということであるぞよ。今の金竜殿の先生は知者学者の集まり合いであるから、知らず知らずに自分の腹の中の智利や誤目が飛んで出て、神と人とを酔わして、土を耳や目や鼻に入れるから溜ったものでないぞよ。今の鼻高さんには神も感心致しておるぞよ。神が一度申したらその通りに致さねば、この大本は神が因縁の身魂を引き寄して致す神策地であるから、賢いお方の結構な考えとは薩張り大反対であるぞよ。

世界の日々の説法を見て改心いたして今までの行り方を根本から立替えてくださらぬと神界の邪魔になるぞよ。神のため君のため国のために一身一家を捧げていながら、知らず知らずに神慮に背くようなことでありたら、せっかくの役員の苦心が水の泡となってはその人も気の毒なり、神が第一に迷惑いたすなり、引き寄せられた因縁の御魂も苦しむから、一日も早く何彼の行り方を改正てくだされよ。

一時後れても神界では大変であるぞよ。筆先一方で開くとまで申してある位の大本であるから、入れ言やら混ぜりの教えは神は大変にいやであるぞよ。この大本は世界中の人民を阿房に致す神の大本であるから、変性女子の大化物が申すことと行動行り方を気を付けておりてくだされたら、何も判るのであるぞよ。

これまでに変性男子が一度極めておいた役目は、例え変性女子の教主と雖も猥りに立替えることはならぬ神の深い経綸であるから、大本の役員の勝手に致すことはならぬぞよ。我を出して行るなら一寸やって見よ。直に手の掌が覆りて後戻りばかりになりて、苦しむだけのことじゃぞよ。神界の仕組はまだほかにも色々と致してあるから、変性女子の胸の内は誠に辛いぞよ。神界の誠の一方の助けになりてくれる役員が大本にありたら、女子も御用が致し良いなれど、肝心の女子の心は解らぬから無理は無いぞよ。今の大本の役員は赤誠一図で一生懸命の御用を致しておれる国家の大忠臣、この世の加賀美であれども、あまり正直すぎで融通の利かぬ人民もあるから、神の目放しが一つもできんぞよ。今の役員信者は結構な立派なお方ばかりで人間界では申し分は無けれども、水晶の世に致す神の眼から見ると、丁度狭い山路を自転車に乗って馳りて行くようにありて、神が横目を振る間も無い馬車馬式の御方ばかりで仕末に困るぞよ。けれどもこの始末に了えぬ人民で無いと今度の御用には間に合わず、六カ敷き神界の経綸であるぞよ。

○

変性男子の御魂　若姫君命は天に上がりて五六七の大神様の差添えを遊ばすなり、坤の金神　豊雲野命は地へ降りて大国常立尊の女房役となりて働くなり、天にも地にも夫婦揃うて守護いたす時節が参りたから、これからは世界の物事は急転直下の勢いで天地の岩戸が開けるぞよ。

天では撞の大神様が一の主なり、五六七の神と若姫君命の夫婦が御側役の御用なり、地では禁闕要乃大神様が一の主なり、国常立尊と豊国主尊が夫婦揃うて御側役をいたすなり、木花咲耶姫命の御魂は日出乃神と現れて立派な神代を建てる御役なり、彦火々出見命は木花咲耶姫命に引き添うて日の出の神のお手伝いをなさるのであるぞよ。

出口直は《イ》の御役を地の上で済まして天へ上がり、出口の王仁は《ロ》の役を地で致すなり、《ハ》の御役は二代澄子の御役であるから、これから后は一番ご苦労であるぞよ。次に日出乃神の御用は《ニ》の御用を致すのであるぞよ。今の大本は《イ》の御用だけ片付きて、《ロ》の御用の初発であるから、混沌時代で四方八方からイロイロと噂を致すなれど、これからロの守護であるから神界の経綸通りであるから、皆安心して御用を勤めてくだされよ。

これから二代の御用は、筆先を読んで修行に参る人民に説き聞かす御役であるぞよ。遠国から参りた人民は是非一回に一度や二度は面会いたさせねば因縁が明白に解らんから、大本の役員はこれが一番の大事であるから、取り違いの無きように致してくだされよ。

○

三千世界一度に開く梅の花開いて散りて若日女の再び天に高く咲く、地は豊国主の良き果実を結ぶ、それまでに世界はまだまだ大きい稲荷の御札が湧いて来るぞよ。木に日が懸かり小里の者がさわぎ出し日月雲に掩われて常夜の暗やサルの年、トリ越苦労致すより早く身魂を研くが一等ぞよ。

○

銀貨銅貨が凝りて大きな一個の丸となり、金貨の山へ攻め寄せて来るなれど、元から貴き光のある金は容積少なくも終わりには一の宝と勝ちほこるぞよ。

○

若日女君命は昔の神代に天の規則が破れた折、イとロの機の経綸の最中に素盞嗚命の天班駒のためにお国替え遊ばして地の底へ埋もりておられたなれど、二度目の天の岩戸が開く時節が参りて来て、我子の禁闕要の大神に地の主宰権を譲りて、今度は天へ還りて、五六七の大神様と力を協せ心を一つにして天のご守護を遊ばすなり、地の神界は国常立尊　豊雲野尊が左右のお脇立となりて地の上に高天原を建て、三千世界を守護遊ばして、天津日継の御尾前を幸え助け、心安の元の神代に捻じ直し給うぞ尊き金勝要の大神の純きりいます梅と松との世界の神の大本ぞ。

大正八年四月二十三日

艮の金神　国常立命の筆先であるぞよ。

明治二十五年から、変性男子の御魂の宿りておる、出口直の手を借り口を借りて警告した事実の実地が参りたぞよ。

邪神界は一腹になりて来ると申してありたが、神が一度申したことはイツになりても毛筋の横巾も間違いの無いのが、変性男子の一々万々確固不易経言であるぞよ。

日本は神国であるから、太古の神世からの固有の教えを守りて御用を致せば、何一つ邪神界の自由にはできぬ神国であるなれど、今の日本の守護神人民は、肝腎の脚下にある結構な神宝を、我と我手に踏み付けて少しも顧みず、遠き遠き西の大空ばかり眺めて、浮雲の天に御魂を取られてしもうて、日本の国の今の困難、跡にも先にもこの世始まりてからまだ無き事変が日増しに出て来て、国の大難が差し迫って来ておるのに、その日暮らしの今の守護神人民の行り方、何ほど知恵や学の力でも今度は到底間に合わんから、神国は神国の行り方に一日も早く立替えて、日輪様を背に負いて、何彼の経綸を致さんと、今の行り方は、日輪に向こうて知らず知らずに戦うておるのであるから、邪神界に薩張り馬鹿にしられて、尻の毛まで一本も無き所まで曳き抜かれてしもうておるのであるから、今になりて何ほど立派なことを申しても致しても、けものの耳へは這入りは致さんぞよ。

日本は結構な神国であり、天子は天照皇大神様の直系の生神様であるから、これ位立派な神国は、この広い世界に外にモ一つは無いなれど、日本の国の守護神人民は全然けものの精神と日本魂とを摺替えられてしもうて、今の人民の行状、これでは到底神国の責任が果たせぬから、永らく出口の手で充分に気を付けたのであるぞよ。日本の国体を学理的に闡明して、世界の人文の発達における、日本独特の使命を発揮すると申して、一生懸命に国家のために骨を折っておる大学者があるが、日本の国体と申すものは、世界に類例の無い神の建てたる立派な国体であるから、今日のような不完全な幼稚な学理で解決のできるような、ソンナ国体では無いから、今の体主霊従の精神を根本から立直して掛からぬと、到底見当は取れは致さんぞよ。

敬神尊皇愛国の精神が、日本の天賦の日本魂であれども、今の日本の学者は、神の建てた神国ということを忘れておるから、何ほど立派な尊王愛国論を唱導致しても、肝腎の皇祖の神が判らぬから、御魂が無いから、何ほど骨を折りても駄目であるぞよ。

こういうことを申すとまた今の鼻高は、綾部の大本は世界の大勢に逆行する、危険な頑迷思想であると申して、力一杯反対いたすものが出て来るなれど、何ほど反対いたしても、ソンなことに往生いたすような神でありたら、三千年の永い間の苦労をいたして、世の改造は仕組みは致さんぞよ。

一日も一刻も速やかに改心いたして、神国の行り方にいたさんと、今に上げも下ろしもならんことが出来いたすから、日本の守護神人民に神から気を付けるぞよ。神は毫末も嘘は申さんから、日本の人民は早く改心致して、世界神国成就の準備に掛かりて、日本の国民の天職を全う致してくだされよ。

神が今度は現れて、天と地から守護いたすから、一旦は何があろうとも艮めは刺さすから、安神いたして早く身魂を研いてくだされよ。モウ愚図愚図致しておる間が無いから、跡のカラスに追い越されんように致してくだされよ。

大正七年の十一月に宿替えいたした悪神の大将が、今化けの皮を現しかけて来ておるが、なかなか日本の人民は油断ができぬぞよ。これから艮の金神が悪神の正体を表して、世界の人民に見せてやるから、九分九厘までは日本も心配いたすことがまだまだ湧いて来るなれど、人民の改心さえできたなれば、昔の神世の経綸通りに致すから、一厘の仕組で艮めを刺して、三千世界を泰平に治めて、万劫末代動かぬ松の神代に立替えてしもうて、天地の神々の大宮を地の高天原に建てて、世界一列勇んで暮らすミロクの大神の美代と致すぞよ。

○

艮の金神 国常立尊が永らく世に落ちて、三千年の経綸致したことの実地が参りて、明治二十五年から変性男子の体内を借りて、三千年の現界の守護で、松の代五六七の神代に致して、天下泰平に世を治めて、国会開きを致す経綸でありたなれど、あまり日本の人民の曇りが思うたよりも激いので、国会開きの仕組が十年ばかり延びたなれど、世の立替えは早く致さねば、日本も立たず世界も潰れるより仕様は無いから、脚下から始まるから、日本の人民は元の日本魂に立ち帰りて、艮めの折りの用意に御魂を研いて、神国のために一身を献げる覚悟を致さぬと、今までのような気楽な考えをもっておりたら、国中がアフンと致さなならぬことが出来いたすぞよ。

ス゜とフ゜とヨ゜との大戦いはこれからであるぞよ。一旦はフ゜とヨ゜の天下となる所まで行くなれど、ナの御魂とノの御魂の和合一致ができて、ス゜の御魂が統一することになるぞよ。それについては通力自在の大真人が底津巌根に埋めてあるから、この者を一日も早く世に挙げて御用に使わねば、ミロクの神代はなり立たんのであるぞよ。この者は三千世界の大化物であるから、現れたらこの地の上には、これまでのような惨酷な戦争も根を断ち、悪い病魔も消え失せ、世界に大きい困難も無く、盗人もできず、天災も地変も末代起こらず、誠に結構な平穏な神代になるのであるぞよ。禁闕金乃神と申す勝金木神が世界の艮めに表れて、三千世界の艮めを刺すのは、モウしばらくの間であるから、誠の真人は一日も早く身魂を研いて、ス゜の御用の輔けになるように致されよ。万劫末代名の残る結構な御用であるぞよ。今の世界の有様を見ておりては、真の人民なればジットしてはおれよまいぞよ。これから段々と半日の間にも世界の様子が変わりて来るぞよ。

○

地の高天原、陸の竜宮館に八ツの社を建てて、それぞれに神力のある生神をお祭り申して、今度の二度目の岩戸開きの御用を致させる経綸であれども、肝腎の御三体の御宮ができ上がらぬので、経綸が後れるのであるから、一日も早く因縁の御魂が竜宮の乙姫殿の心に立ち帰りてくださらぬと、後れただけは世界のことが後れて、人民が永く苦しむから、今までの小さい心を早く改めてくだされよ。

神の言に二言は無いから、一言で聞く守護神人民でないと、今度の誠の御用に外れるぞよ。五六七の神代になるまでに、綾部の大本から、日本の内の大社大社へ、神の命令で参拝いたすことがあるが、この御用に立つ人民は身魂の研けたものから選り抜いて神が御用を申し付けるぞよ。今ではモチト身魂が研けておらぬから御用が定まらんなれど、それが定まるようになりたら、綾部の大本が世界へ天晴表れて来て、世界の人民が口を揃えて大本の教えは昔からまだ聞いたことの無い結構な教えでありたと感心いたすようになるから、それまではこの大本の役員信者はご苦労であるぞよ。ついては変性女子の身魂と金勝兼の神の身魂に一層エライ気苦労があるから女子が何事を致しても神の経綸であるから黙りて見ておりてくだされよ。細工は流々あるから仕上げを見んと、何も判りは致さんぞよ。普賢菩薩の身魂が美濃の国に表れて八咫鏡を説きおいて国替えいたされたなれど、今では肉体が無くなりておるから、跡を継ぐものも無し、その流れを汲むものが尾張にもあるなれど、肝腎の五六七の出現地が判りおらんから、世界の艮めは刺せんから、色々の所へ首を突き込むと終わりには何も解らぬようになりて、跡で地団太踏んでジリジリ舞を致しても行かんことになるぞよ。

この大本の教えは艮めの教えであるから、大本の大橋を一旦渡りたものが外へ参りて何ほど結構なことを聞いても、行けば行くほど道が無くなりて跡戻りばかりになるから、神が気を付けてやるぞよ。今は何処の教えも表面は立派であれども、誠の生神の守護が無くなりて、人民の知恵や学で考えたことであるから、肝心の艮めは刺せんぞよ。誰によらずこの大本の筆先に背いて研究に行って見よれ、跡戻りばかりで一つも思いは立たんぞよ。三千世界の艮めを刺すのは艮の金神の大本よりほかには世界中探しても一所も無いぞよ。心の狭い腹の小さい誠の無いものは逃げて去ぬぞよと毎度申して筆先に出してあろうがな。肝心の時になりて逃げ帰りて結構な神徳を落とすものがたくさんに出て来るぞよ。瑞の御魂は物事に移り易いと今に申して神諭を取り違い致しておるものがあるが、何ほど瑞の御魂はうつり易いと申しても神界の経綸については毛筋ほども違わさんから、そんな考えでおると一も取らず二も取らず、お蔭の段になりた折りには指を食わえてアフンと致さなならぬことになりて来るぞよ。

明治二十五年からの変性男子の筆先と大正元年からの女子の申したことや書いた筆

先を熟と考えて見よれ。皆その通りになりて来ておるぞよ。まだこの後で実地が来ることもたくさんにあるぞよ。

日本の国は今が大峠に掛かりた所であるから、守護神も人民も充分に腹帯を〆ておりて天地の神々を敬い大君を心の底から主、師、親と仰ぎ奉り、愛国心を養うておかぬと、天地の御先祖へ申し訳の立たぬことが出来いたすぞよ。

○

鶏津鳥かけ鳴き騒ぎ立ち上がり米の餌をば食い飽きて、東の空に立ち向かう、吾妻の空は茜刺す日の大神の守りまし常世の暗を照り返し、一度は晴るる葦原の中津御国の功績も、エベス大国現れて、大土小土ふり回し猛び狂いつ日に月に進み来るぞ恐ろしき。然れども霊主体従火水の国。三つ巴が表れて、四つ尾の峰の弥高き稜威の御魂の神力に、六のこの世を平穏に治むる地成の年よりも、天に登りて稚日女の神の神言の弥尊く、九つ花の咲き匂う高天原の神屋敷。十方世界の艮めを刺して塵や埃をサルの年、万代朽ちぬ美わしき、高き誉れをトリ年の、世の根の神は艮に光りかがやく目出度さよ。二十二人の生御魂、天地の神の宮殿の幹の柱と鳴戸海、渦巻き来る国津神。国の礎千代八千代、動かぬ神代ぞ楽もしき。

二つに入の入りかけたこの品物を方々から、我の自由にせんものと、神の敏き目も顧みず、エベス大国大盗梁、仏さんまで捻鉢巻の大車輪、九分にイタりて迎げ出だせば、西の御寺の和尚までこの場を引くとの権幕に、コリャ惨酷じゃどうしようと、エベスと仏が一思案、一時和尚の言前を立ててやろかいまた跡は跡の考え合点か合点合点と額体合いチント談は済んだなれど葉マキの煙草の一服休み、舞台換われば太平の、夢を醒した海若の、その驚きや如何ばかり、トントン拍子の悪神も鯨に鯱の戦いに果敢なき最後を酉の年、猛悪無道の獅子王も身中の小さき虫に仆さるる、昔のたとえも目のあたり、日の出の神の国の柱は永遠に、四方の国々言向けて、名も高砂の千代の松、松の緑の色深く神の恵を仰ぐなり。

大正八年五月五日

国常立尊 変性女子の手に憑りて、日本の人民守護神に気を付けるぞよ。

明治二十五年から出口直の手を借りて世界の総方様、神々様へ知らしたことの実地が迫りて来たぞよ。

神と申すものは、虫一疋でも助けたいのが心願であるから、第一に天地を経綸致す司宰者として、この世に生まれて来た日本の人民と、世界の守護神に、一日も早く改心致して神心に立ち返り、善一筋の行状を致してくだされよと警告したが、何を申しても粗末な出口直の手と口とで知らすことであるから、誰も誠には聞いてはくれず、相手にするものが無かりたので、神界の経綸が段々と遅れるばかり、今の世界のこの混乱、これでも黙って高見から見物いたしておりて、日本の人民の役が勤まると思うか。判らんと申してもあまりであるぞよ。

日本は神国と申すが、神国の人民に神国の因縁が分かるものがあるか。これが判る人民なら、この乱れ切った世界を余所の出来事として見ることはできよまい。世界の混乱を治めるのは、日本の守護神、人民の双肩にかかれる大責任であるぞよ。日本人は神の直系の尊い御子であるから、この世界を平らけく安らけく知食したまう、現人神様の御尾前と仕え奉りて、まず我一身を修め、次に一家を治め、次に郷里を平らかに安らかに治め、国家に対しては忠良無比の神民となり、祖神を敬拝しもって、神国の神国たる所以を天下に示し、範を垂れ、この全地球を平らけく安らけく治めたまう、天業を輔翼し奉るは、今この時であるぞよ。
それに今の日本の人民は、脚下から鳥がたつまで袖手で自己主義の行り方を致して、神の申すことは、頭から馬鹿に致しておるから、世界は段々と悪きことが、日に増しに殖えて来るばかりで、神からは目を明けて見ておれんから、永らくの間変性男子の手と口とで、改心改心と一天張りに申したのでありたぞよ。

大正八年六月三日

大国常立尊が永らく、出口直霊主命の手を借り言を籍りて、世界のことを知らしておいたが、この世界は最早断末魔に近よりて来て、昔からの悪神の仕組が、判然と解る時節になりて来たぞよ。害国の悪神の頭が、昔からの永い陰謀で、学と知恵と金の力とで、世界中を自由自在に混乱して来て、今度のような大戦争を起こして、世界中の人民を困しめ、人民の心を日増しに嶮悪いたして、自己の目的を立てようと致し、満五カ年の間に、トコトンの陰謀を成就いたす考えでありたなれど、ただ一つの日本の国の日本魂が、悪神の自由にならぬので、今に種々と手を代え品を代え、目的を立てようと致して、山の谷々までも手配りをいたしておるから、一寸の油断もできぬことになりたぞよ。

三千世界の九分九厘となりて、今に動きの取れんことになりたから、昔からの神界の経綸で、竜宮館の地の高天原に変性男子と女子とが現れて、天の大神様の御経綸を昼夜に、声をからして叫ばせども、学と知識と金力より外に何も無いと思い込んでいる、世界の人民であるから、何ほど神が気を付けて遣りても、一つも誠に致さぬから、神も助けようが無いぞよ。この世の裁判を致すまでに、早く改心致して、身魂を水晶に研いておらぬと、いつ始まるやら人民には判らんぞよ。神は日々に天からも地からも、言霊で知らしておれども、今の人民薩張り悪魔の器になり切りて、言霊の耳が無いから、脚下に火が燃えて来ておるのに気が付かぬから、また神は月日なり、星にまで変わりたことをして見せて気を付けておるが、それでもまだ判らぬとは、克くも悪神に身魂を曇らされたものじゃぞよ。天の大神様が経綸の蓋をお開け遊ばす時節が来たから、モウ改心の間が無いから、この世に置いて欲しくば、一日も片時も迅く日本魂に立ち帰りて、神の分霊と申すだけの行状を致して、天地の大神様へお詫びを致すが何より結構であるぞよ。

○

撞賢木天照大神様の御命令を戴きて、三千世界の立替えのために、由良川の水上に神代開祖出口守が現れて、清けき和知の玉水に、人の身魂を洗い世を清め、神政成就瑞純霊が、再び地の高天原へ現れて、救いの舟を造りて待てど、乗りて助かる身魂は千人に一人も六カ敷い今の世の有様、神が誠のことを申せば、今の人民は悪神に迷わされて、日夜勝手気ままの遣り方題、自己主義の者ばかりであるから、力一杯誠の神の教えを詈り嘲りその上に侮り辱め、遂にはこの大本を打ち潰しに、新聞までが掛かるような、暗黒な悪の世であるから、容易神の申すことは、今の人民は聞きは致さんから、モウ神は一限と致すより仕様は無いぞよ。五年に満ちた大戦争も首尾よく片付き、世界は平和の栄光に輝き、人民は歓喜乱舞をいたして勇んでおれど、これも夢の間であるから、まだまだ大きな戦争ができて来るから、一日も早く神に縋りて、日本人の行状を致しておらんと、俄に吃驚致すことが出て来るぞよ。日本もなかなか安心な処へは行かぬぞよ。腹帯を〆て掛かれと申すのは、これからのことであるぞよ。木に日が掛かり小里の者が騒ぎ出し、一人の小里の反対が、大変な騒ぎになるぞよ。その他にも種々の市場が立って、八釜敷くなるぞよ。これも時節であるから、落ち行く所までは落ち行かさねば仕様が無いぞよ。今千騎一騎の活動を致して神界の御用に立たねばならぬ時機であるのに、まだ気楽なことを申して、大本の中の遣り方を愚図愚図申すものがあるが、神界の仕組が人間に判ると思うから、慢心いたして小言を申すのであるぞよ。今度は天からの命令を、変性男子と女子との身魂が戴きて致すことであるから、何ほど利巧な人民でも学者でも判るはずが無いから、素直に致して、神の申す通りに赤子の心でおりてくれよと、毎時筆先で知らしてあろうがな。神界のことが人民で判ると思うておるのが、それが慢神と申すものであるぞよ。慢神と誤解が大怪我の基になると申してあろうがな。早く心を入れ替えて我を捨てて神の申すように致さぬと、取り返しのならぬ不調法が出来するぞよ。播州の上島が神界に深き因縁ありて、瑞の御魂の太古から鎮まりておりた、清らかな霊地であるのに、肝心の者が汚らわしい獣の皮や毛で造りたものを持って参りて汚したから、海上が大変に荒れたのであるぞよ。女子のお詫びの徳で一日後れて無事に参拝を許してやりたなれど、今後はモウ赦さんぞよ。上島は瑞の御霊の許し無しに参りたら大変なことが起こるぞよ。肝川の竜神へも勝手に参拝致すと、後になりてから易りたことが身魂にできて来るから、一寸気を付けておくぞよ。疑うなら聞かずに行って見よ、その時は何事も無いが後で判ることができるぞよ。一度神が申したことは毛筋も違わんぞよ。

天災地変はいつの世にもあるものじゃ、政治、宗教、思想の変遷は、自然の大勢じゃと申して油断を致しておると世の終わりの近づきたことが薩張り分からぬようになりてしもうて、後で悟悔いたさなならぬぞよ。

今の世界は一旦は治まりたように、表面からは見えるなれど、神の眼からは日に増しに騒がしくなりておるぞよ。神の知らす内に、チットは胸に手を当てて考えて見ぬと、互いに恥ずかしきことが今に出来いたすぞよ。

この大本は包み隠しの一つもできん所であるから、敵味方の区別は致さんぞよ。神の目から見れば、世界に一人も敵は無いなれど、人民が敵になりたがるのであるぞよ。これからは少しでも間違うた教えを致したり、勝手な行り方を致したら、神界の大変な邪魔になるから、筆先で遠慮なしに気を付けるぞよ。世界は大芝居に譬えてありたが、三番叟も初段も済みて、二段の幕が開いたから、一日半時も猶予はならぬから、神は厭なことでも構わずに厳しく警告すぞよ。自己のことばかりを先に致して、神の御用を序に致す位はまだ愚か、神を看板にいたしておる者も大分できておるが、今に目醒しを見せてやるぞよ。

大正八年六月四日

大国常立尊が昔の神代から、世に落ちてこの世界を守護致し、八尾八頭と鬼と金毛九尾白面悪狐の陰謀を、一々残らず探索いたして、帳面に付け留めた同様に、明治二十五年から、変性男子の御霊の宿りておる出口大直日主命の手と口とで細々と知らしたが、今の人民は学力と知恵と金銀に目が眩みてしもうておるから、一人も誠に致すものが無かりたなれど、モウ天地からの時節が参りたから、悪神の陰謀が日本の上の守護神にも判るようになりて来たから、物事が迅くなりて、ジリジリ舞を致すぞよ。

今の日本の人民は何も知らずに、気楽なことを思うておるが、世界の大戦争が平和に治まりたと思うたら了見が違うぞよ。日本はこれから確りいたさぬと国が潰れてしまうぞよ。日本の国にこの神の経綸が昔から致して無かりたら、一転に占領てしまう所なれど、日本には国常立尊が神力のある生神を眷属に使うて、水も漏らさぬ深い仕組が致してあるから、何ほど世の本からの悪神が、神国を色々の手段を回らして攻めて来ても、艮の金神の守護いたす限り、坤の金神の宿りた肉体の続く限りは、九分九厘までトントン拍子にやらしておいて、一厘の所で手の掌を覆して、日本へ手柄を致させて、世界中の人民を助けて、眼を覚ましてやる仕組であるから、日本の人民なら一日も早く改心いたして、神の軍人となり、神政成就の御用に立つように致さねば、せっかく日本人と生まれさしてもろうた功能が無いではないか。永らく掛かりた悪神の陰謀は、山の谷々から海の底まで、一厘の隙間も無いほど、手配り致してあるから、到底人民の力では静めることはできは致さんから、今度は神が表へ現れて、瑞の御魂でとどめを刺して、天地の神々様は申すに及ばず、世界中の守護神にも人民にも、実地の神力を見せて、改心をさしてやるぞよ。瑞の霊の大化物が天晴世界へ現れるようになると、世界の人民の顔の色が変わりて来るぞよ。眼も明けておれぬようなことがあるぞよ。鼻も利かぬようになり、口も開いた限りに立往生いたすようなことになりて来るぞよ。

一度神が知らしたことは、どうしても出て来るぞよ。神は一言半句も嘘は申さんが、何をいうても広い天地の間のことを知らすのであるから、小さい人民の心には這入り兼ねるから、人民は浅く感得て、せっかくの神から掛けられた綱に外れる者が沢山にできてくるから、それでは可愛想なから、いつまでも同じことをクドウ気を付けるのであるぞよ。世界はまだまだ混雑が出て来るから、日本の人民も守護神も、確りと腹帯をしめておらぬと、俄の時化で吃驚いたして、船が何方へ覆るやら知れんぞよ。

大正八年七月十二日

一の経綸は天王平の一の瀬の奥津城、変性男子と変性女子の御魂とが一つになりて、弥々伊都能売魂の御用に変わりて来たから、横の御用の仕終いで、和光同塵の役もこれから要らぬぞよ。善一筋の月日の光、二代三代の後見を致さして、竪と横との神界の機を織り上げて了うたから、これからの筆先に現れたことは、速かに実現いたすから、皆の役員信者は今までとは一層注意して、筆先を調べておらぬと、世界に後れるぞよ。

変性男子と女子の御魂は、天王平の一の守護となりたから、これからは月日揃うて二の経綸の御用になりて、伊都能売の御魂と現れるから、この大本は水晶の御用になりて来たぞよ。身魂の選り別けが始まりたから、これから先の大本は、役員も御用が楽に勤まるなれど、引掛戻しは世が治まるまであるから、少しも油断のならぬ、三千世界の大本であるぞよ。

春からの神諭を一々眼を留めて読んでみると、何も周章ることは一つも無いぞよ。大本の解りた役員は、益々胴が据わりて来るなれど、入信してからまだ間の無い信者は、狼狽えて、一旦は悪神の捕虜になるなれど、しばらく経つと大本の経綸を了解いたして、心が落ち付き、押しても突いても微躯とも致さぬ、金剛力が備わるようになりて、神政成就の結構な御用を致すように、神から色々として見せて、身魂を研かしてあるから、何ほど敵になりて来ても、敵を悪みてはならぬ。皆神界の仕組で身魂相応の御用がさしてあるのであるぞよ。誰も皆一生懸命になりて我が仕組でしておるように思うておれども、皆神界から使われておるのであるから、誠にご苦労な御役であるぞよ。いよいよ神界の経綸の九分九厘になりて来たから、伊都能売御魂の御用になりて来たぞよ。皆勇んで御用ができるようになりて来たぞよ。四十八文字の生魂が揃うたなれど、今の今まで名は現さぬから、帳にせっかく付いた身魂は一人も帳外れにならぬように心得てくだされ。守護神にまで気を注けておくぞよ。言霊の幸い助く黄金閣ができ上がりたら、弥々神界の経綸の完成であるから、現界の大本の御用も思うたよりは、速く成就いたすぞよ。神が筆先に出したことは、毛筋も間違いは致さぬぞよ。本宮山のお宮が建ち了りたら、九鬼大隅守の深い因縁が判りて来て、艮の金神の経綸が判りて来るから、そうなりたら、夜が明けて日の出の守護と相なりて、五六七の神代が天晴成就いたすぞよ。法身の弥勒は既に天に昇りて、若姫君の守護致すなり、応身の弥勒は地に降りて泥に交わり、所在艱難苦労を嘗め、世界のために千座の置戸を負いつつ、千挫不倒百折不撓の金剛力を発揮しつつ、地の一方に現れて、神界経綸の大謨を遂行しつつあれども、世俗のこれを知るものは無く、常暗の夜の今の有様、今に夜が明けると、吃驚いたして、アンナものがコンナものになったのかと申して、世界の人民が舌を巻くようになる仕組であるぞよ。応身の弥勒の子には、報身の弥勒が出現して、水晶世界を建設し、宇宙万有一切安息致す時はそれが弥勒三会の暁であるぞよ。世の中の総てのことを、神直日大直日に見直し聞直し詔り直す、大本直日の大神の光り輝く神の御代となるぞよ。

大正八年八月十一日

艮の金神 大国常立尊が明治二十五年から、変性男子の御魂の宿りておる、出口直の手と口とで、永らく知らしたことの実地が現れて来たぞよ。今になりてからは、何ほど日本の守護神が焦慮りたとて、最う上げも下ろしもならん所まで世が迫りて来たから、何ほど守護神人民が地団駄踏みたとて、到底人民の力ではニジリともできぬから、この上は神力に頼るよりほかに道はないから、世に出ておれる方の日本の守護神は、早く身魂を研いて、この結構な先祖から続いた国を守護いたさぬと、今度行り損のうたら、万劫末代取り返しのならんことになりて、世界は石屋の自由自在にして仕舞われるぞよ。

今からでも日本の人民に気がついて、守護神と一所に世界の大元、地の高天原へ参りて、イロハ言霊の勉強を致したならば、末代に一度の神界の結構な御用に使うてやるから、国と一軒の家とには代えられんから、祖先の墳墓を悪神に荒らされともないと、心の底から思う誠の人民でありたら出てござれ、世の元からの生神が神力を渡して、世界の良き鏡に致してやるぞよ。

がいこくの悪神の企みは、神界にては三千年あまり前から仕組を悪神が致しておりたなり、がいこくの人民の肉体を使うて、この世を乱して拘りてからでも二千年になる永い経綸であるから、世界隅々までも山の谷々までも、水も漏らさぬ経綸をいたしておるぞよ。

日本の人民は神の国、神の裔であるということを忘れて、がいこくから来た個人主義の行り方を結構がりて、今にエライ目に遇わされることに気の注かん人民ばかりであるから、何うぞして日本の人民から改心さしたいと思うて、変性男子と女子とに苦労をさして、日夜に声を嗄らし、筆を禿らして知らしたのでありたぞよ。

今度の国際連盟は何も知らずに皆の人民が結構がりておれども、このために国魂を混合してしまうから、世は段々と迫るばかりで、モ一ツ金の力が覇張るようになるから、世界中の困難が一層激しくなるぞよ。自由とか平等とか申すことは、一寸聞けば誠に結構な行り方のようであるが、日本の神国の御先祖様の道を外れて、外には自由も平和も来るものでないぞよ。日本には天照大神様の万古不易の動かぬ神教があるから、この教えを忘れて、向こうの国の悪神の行り方を致したら、到底世界は安神して暮らすことはできぬから、日本神国の人民は、一人も残らず天照大神様の御血筋を立て、麻柱の誠を貫いて行かねばならぬ、大きい天からの責任があるのであるから、国の権力や神の稜威を無視するような、悪神の計略にかからぬように致してくだされよ。

艮の金神が守護神人民に永らく気を付けておいたことの実地が迫りて来て、日本の人民までががいこくの教えを結構なように思うてしもうておるから、どうしても改心ができぬなら、神が表に現れて、目に物見せて行らねば、モウ改心のさせようが無いから、世界に何事が出て参りても、神を恨めてくださるなよと申して念に念を押して、幾度となく知らしてあるから、神と出口にはモウ不足は申されまいぞよ。

悪神の先祖の企みで薩張り世の持ち方を誤らされてしもうて、上下運否運の激しき世になりて、上下の守護神人民が内輪喧花ばかりで日を暮らし、ストライキなぞを起こさならんように、国と人民の心とを乱されておりて、チットも気の注かぬ厄介な人民ばかりであるから、神も大変骨が折れるなれど、これでも神界にては三千年の間の苦労の固まりの花の咲く経綸が致してあるから、天下泰平に世を治めて、弥勒の神代に捻じ直して、天の大神様へ御眼に掛けるぞよ。

一日も早く神国の天職を自覚て、天下修斎の天地の神の御用に尽くしてくだされよ。

神は霊であるから、人間界の仕事は、人間に憑りて致さねばならぬなり、現今の人民はあまり身魂が曇り切りておるから、神が憑ることができぬから、一日も早く改心致して、水晶の身魂に研いてくだされよ。天下の危急存亡の秋であるから、互いに小さい感情の衝突は避けて、モチト大きい精神をもってくださらぬと、ビックリ箱の蓋が開いたら、各自に恥ずかしくなりて、大きな息もできぬようになるから、今の内に小我を捨てて、神我に立直して御用を聞いてくだされ。

神は人民について、互いに統一心の無いのを大変に迷惑いたしておるぞよ。今度変性女子を瑞竜閣へ連れ参りたのも、神界の深き経綸のあることぞよ。人民では判らぬ御用であるぞよ。まだまだこれから女子の身魂を仕組の場所へ連れ参るから、皆の御方心配を致さずに、神から命令の下がった御用を一生懸命に尽くしておりてくだされよ。後になりて機織が織り上がりたら、皆が結構な御用でありたと申して、歓ぶ仕組であるから、女子が何処へ参りて何事を致しても、皆神の命令であるから、取り越し苦労は致してくださるなよ。神が前つ前つに気を付けおくぞよ。

大正八年八月十二日

変性男子の御魂 若姫君命は天に昇りて、天から地の世界を守護遊ばすなり、国常立尊は地に留まりて、二度目の天之岩戸開きを致さねばならぬについては、出口直霊主命の肉体を使うことができぬから、弥勒の御用を命じてある瑞の御魂の肉体を、世が治まるまでは国常立尊の生宮と致して、御用をさせねばならぬ時節が参りたから、瑞の御魂をこれから神界の経綸の場所へ連れ参るぞよ。

明治二十五年から、出口直霊主命の手を借り口を籍りて、ほのぼのと出て行けば心淋しく思うなよ。力になる人用意が致してあるぞよ。我行く先は結構な所ばかり、神が憑りて連れ参るぞよと申して知らしたことの、実地が出て参りたのであるから、今までの変性男子のお役は次に譲りて、瑞の身魂に変性男子の御魂を入れ替えて、伊都能売の身魂と致して、真実の御用を致さすようになりたぞよ。

○

世の立替えの真最中になりたら、瑞の御魂は四十八の生魂をもって、言霊神軍を組織し、これを引率して驚天動地の大活動を致さねばならぬぞよ。それについては神界より秘策を授けておかねばならぬことが、まだまだたくさんあるから、いつ神がどこへ連れ参るやら知れんぞよ。一人でも神界の大秘事、神政成就までは知らされんことがあるから、肝心の生神のおる場所へは、お伴は一人も許すことはできぬから、いつ王仁の姿が見えぬようになりても、心配は致してくださるなよ。何も別条は無いから、前から筆先で知らしてある通り、神が守護いたしておるから、チットモ心配は致してくださるなよ。他の役員にも心配致さぬように、会長どのからよく言い聞かして、安心して御用のできるように頼むぞよ。これから瑞の御魂の実地の御用の始まりであるから、まだまだ大本の中に依然しての御用する所へは行かんから、その覚悟でおりてくだされ。これから先は会長どのは段々と忙しくなりて、煙草吸う間も無いようなことが出て来るが、そうなりて来ねば、天地の岩戸が実際に完全に開けんぞよ。

あとがき

本書『いづのめしんゆ』（伊都能売神諭）は、大本機関誌「神霊界」の大正七年（一九一八）十二月二十二日号（「大本教祖号」）から同八年（一九一九）十一月一日号にかけて発表された神諭（計三十四筆）を収めたものである。

これら三十四筆の神諭は、「神霊界」誌に発表された当時、単に「神諭」と称されていた。「伊都能売神諭」という名称は、戦後、「大本神諭」と区別するために慣用されてきた通称である。

「大本神諭」（『おほもとしんゆ』全七巻）は明治二十五年（一八九二）旧正月、国祖・艮（うしとら）の金神国常立尊（くにとこたちのみこと）が出口なお開祖に帰神し、開祖ご昇天（大正七年十一月）までの二十七年間にわたって、開祖の口や手をとおして示された膨大な筆先（ふでさき）（半紙二十枚綴（つづ）りで「一万巻」に及ぶ。全文ひらがなで一部に漢数字が使われている）の中から、神意が正しく伝わるよう出口王仁三郎聖師が選抜して漢字をあて、編纂されたものである。

一方、この伊都能売神諭は、開祖ご昇天後、国祖の大神が出口王仁三郎聖師に帰神し、出口聖師自身の筆によって発表された神諭である。本文中にも示されているとおり、これらの神諭の発表によって、国祖の大神による「立替え立直し」のご神示が〝完結〟をみたといっても過言ではない。

その重要性から、これまで本書の刊行を望む声は少なくなかったが、諸事情によって実際の刊行までには至らず、教団大本から正式な形で公刊されるのは、大正七年に「神霊界」誌上で発表されて以降、今回が初めてのことである。

歴史をふりかえると、伊都能売神諭が発表されてから二年後の大正十年（一九二一）十月、出口聖師は神夢によって開祖のご神命を受け、二十四年もの間、胸中に秘められていた高熊山修行（明治三十一年・一八九八年）におけるご体験を「霊界物語」（全八十一巻八十三冊）と題して口述を始められた。

ここに大本の教えの基礎がついに確立し、大本神業も国の内外で飛躍的に発展するときを迎えた。

爾来（じらい）九十余年、五代教主時代の今日、本年（平成二十八年）の「神島開き」百周年が契機となり、開教百二十年記念事業「教典・教書の整備」の一環として、本書が世に出ることは意義深いことと思われる。

いうまでもなく、神諭の聖言は神幽現の三界（三千世界）に通じる国祖の大神のお言葉であるから、霊主体従の神律に従い、現界の事象のみの解釈にとらわれず、素直に拝読させていただきたい。

編纂の方針

このたびの刊行に際しては、大本教典刊行委員会が編纂の衝にあたり、教学研鑽所事務局がその実務を担当した。

神諭が発表された大正時代当時と平成時代の現在とでは、国内外の情勢とその認識、人権問題の顕在化とその対応、そのほか日常生活における漢字・かなづかいのあり方などにも大きな変遷が見られる。そのため、編纂にあたっては〝原本尊重〟の方針のもと、左の点に留意した。

1、神諭の掲載順序は、出口聖師の発表された初出原本の順序どおりとした。
2、神諭の年月日は原本にもとづいた。また原本に旧暦も記されている神諭についてはその旧暦も表示した。
3、原本にもとづき、総ふりがなとした。
4、原本には少なかった句読点と改行を適宜付して読みやすくした。
5、用字・用語について
（1）出口聖師が付した独特の当て字や造語・用字・用語は、多様な意味がこめられていることに配慮し、つとめて尊重した。
（2）原則として常用漢字をとりいれたが、一部の旧漢字については意味上の理由等から旧漢字のままとした。

　ひらがな・ふりがな・送りがなについては、現行のかなづかいに従った。ただし大本用語として定着しているものについてはそのままとした。（「大本」は「おほもと」。「厳」は「いづ」、「瑞」は「みづ」、「伊都能売」は「いづのめ」。また「水」についても「瑞」の意で用いられているときは「みづ」。そのほか「立替え立直し」「仕組」「八百万」「幸い」なども慣用にしたがった）

（3）明らかな誤字・誤植は訂正した。また、かなの清濁は正した。

6、省略等について

（1）神諭が、国祖の大神の全人類に対する厳しい警告と、慈愛に満ちた救いの精神に貫かれていることはいうまでもないが、今日の国際化・宗際化の現状に照らして誤解をまねきかねない表現や、人権上の観点から現在禁句として社会に定着している用字・用語、文脈上適当でないと思われる個別の表現やたとえについては、文意を変えずに最少限の省略や言い換え、また漢字をひらがなとした。

なお本文中の〇の表記は、出口聖師による初出原本の伏せ字である。

（2）時代的表現で今日使われていない用字・用語であっても、教えの本質は不変であるということにかんがみ、省略は最少限にとどめた。

（3）のちに発表された「霊界物語」で詳しく説かれている神代における神々の来歴等に関する説示については、本書では省かせていただいた。

神諭の表現に関して注意を要する言葉や用語の説明は、本書の付録「いづのめしんゆの栞」（大本教学研鑽所編）を参照されたい。

本書は、平成二十八年七月六日、教典として、五代教主の裁定をいただいた。

平成二十八年九月八日

大本教典刊行委員会

いづのめしんゆ（伊都能売神諭）

平成二十八年九月八日　初　版　発行
令和　五　年五月五日　第二刷　発行

編　者　大本教典刊行委員会

京都府亀岡市古世町北古世八二―三
印刷兼発行所　株式会社　天　声　社
電話　〇七七一―二四―七五二三
振替　京都　〇一〇一〇―九―二五七五七

ISBN978-4-88756-088-8　定価はケースに表示してあります

目次

はじめに

本書『いづのめしんゆ』（伊都能売神諭）は、出口なお開祖のご昇天（大正七年十一月六日）直後からその翌年（大正八年）にかけて、瑞霊真如・出口王仁三郎聖師を通して伝達された厳霊国祖・国常立尊のご神示です。

その巻頭には「艮の金神国常立尊が、明治二十五年から永らく出口直の体内を借りて、若姫君尊と引き添うて変性男子と成りて、三千世界の世の立替えの経綸を、筆先に書かして知らしたなれど、後の立直しの筆先はまだかかしてないから、変性女子の体内を籍りてこれから時節に応じて書かすぞよ」（大正七年十二月二日）と示されており、「大本神諭」に続く「後の立直しの筆先」として残されたものです。

このたび、「神島開き」（大正五年）から満百年の佳節を迎え、大本開教百二十年記念事業「教典教書の整備」の一環として、本書が新たに上梓されるに至りましたことは誠に意義深く、神機の到来とありがたく感謝申し上げるしだいです。

平成二十八年九月八日

大本本部

◆「神諭」とその表現について◆

大本において「神諭」と通称されるご神示には、「表の神諭」（注・1）、「裏の神諭」（注・2）とともに、「伊都能売神諭」があります。

大正七年から同八年にかけて発表された「伊都能売神諭」は、その名称が示すとおり、厳瑞二霊のみ教えであり、〝神諭の真解書〟として大正十年から口述発表された『霊界物語』（全八十一巻・八十三冊）へとつながるご神示です。

これら神諭のお言葉はすべて神さまの尊い言霊であり、『霊界物語』に、

「神諭の裡には文字のごとく解すべき自然的世間的のことではなくして、心霊的、神界的の秘事を包含されてをる。一文一句のうちにも、いちいち内義を含ましめむために、ことごとく相応の理に由りて示諭されてある。ゆゑに神諭は、普通の知識や学問の力では、到底真解さるるものではない。是すなはち神聖なる神諭たる所以である」（『霊界物語』第四二巻第一章「北光照暗」）

と示されており、人間心で解釈するのではなく、素直な心で拝読させていただくことが大切です。

（注・1）「表の神諭」

「経の神諭」ともいい、厳の御霊のみ教え。「大本神諭」。現行の大本教典には『おほもとしんゆ』全七巻がある。出口王仁三郎聖師が大正六年から同十年まで、出口なお開祖のお筆先（半紙二十枚綴り　一万巻）を選抜し、漢字を当て、当時の大本機関誌「神霊界」に発表されたご神

示の総称をいう。

（注・2）「裏の神諭」

「緯（よこ）の神諭」ともいい、瑞（みづ）の御霊（みたま）のみ教え。現行の大本教典には『道の栞』『道の光』がある。出口王仁三郎聖師が、明治三十一年（高熊山ご修行）から大正七年（開祖ご昇天）の期間中に著された教理に関するご神示の総称をいう。

◆注意を要する言葉について◆

たとえば、神論の中に多く見られる「がいこく」「がいこくじん」という言葉も、現実の「外国」「外国人」と文字通りに受け取るのではなく、霊的意義を中心に理解させていただかねばなりません。神諭においては、神さまの霊域（神界）をたとえて「ひのもと」「日本」といわれているのに対し、それ以外の霊域、すなわち幽界・地獄界を〝神に害する世界〟の意味で「がいこく」という言葉が用いられています。

ちなみに出口王仁三郎聖師は、「大本神諭」において、「がいこく」という言葉にさまざまな漢字（「邪神」「悪神」「暗黒地獄」「物欲本位」「科学黄金万能本位」「肉欲本位自我的風習」等）を当て、その正しい理解をうながされています。

左は『おほもとしんゆ』（「大本神諭」）第七巻の巻末に収録されている説明です。
本書にも同様の説明があてはまるため再録しました。

注意を要する言葉について

神諭には神的内義が端的かつ直截に表現されているため、そのうけとり方には注意を要する点がきわめて多い。そのため、当てられた漢字には出口聖師の非常な御苦心がしのばれるが、なおかつ拝読にあたっての誤解をさけるため、本文中の用語例をいくつか挙げて理解の一助としたい。

がいこく

①日本以外の国〔本文例―異国・外国・海外諸国（がいこく）〕

②体主霊従のやり方の国・集団のこと〔本文例―体主霊従国・物欲本位団（がいこく）・野獣的外国（とつくに）〕

③神意に反した悪行為のこと〔本文例―体主霊従・物質本位・肉欲本位・学理及肉欲・天地真相不明而我利的行為（がいこく）。肉欲本位自我的風習（がいこくのふう）。科学黄金万能本位・害天真個人本位的国家経綸法（がいこくのおしえ）。混沌境裡争擾（がいこくのまね）〕

④霊界の幽界、地獄界のこと〔本文例―暗黒地獄（がいこく）〕

⑤霊界の邪神のこと〔本文例―邪神（がいこく）。荒振神共（がいこくじん）〕

⑥三五神諭（おほもと）（出口聖師著『霊界物語』第六〇巻に掲載の神諭）では、がいこくに相当する表現のところに邪神・悪神・神界を害する、などの語があててある。

にほん・ひのもと

①わが国の国号〔本文例―日本（にほん）〕

②「東の方」の意の「ひのもと」を漢字でしるすことに由来する。日の本。

③日の本を、⦿（ス）の本、つまり主神の大根元太極元に由来する国柄とみ、霊界の天界・神界・天国の意に当ててある。〔本文例―純日本・日本神国（にほん）。威霊の元・霊能元素・霊の主（本・元）・霊主国・霊の統裁国・天真地徳発権地・光明大千世界経綸の本源・天地経綸の本場所・天経地緯の源策地（ひのもと）〕

④霊主体従のやり方および国・集団のこと〔本文例―霊主体（肉）従・霊主体従主義・霊主体従国（ひのもと）。天地経綸之神則・日本神国之使命・真美世界経営根本権威（にほん）〕

⑤霊界の正神のこと〔本文例―正神（にほん）〕

⑥三五神諭（おほもと）では、にほんに相当する表現のところに内・誠・神・神の国・神国・日の下・天地の間・水晶魂・神国魂・皆・この世・世界などの語があててある。

やまとだましい

①日本民族本来の精神〔本文例―大和魂・倭魂・日本魂・大日本魂（やまとだましい）〕

②日本人にかぎらず人類一人一人に主神より分与された至粋至純の霊魂のこと〔本文例―天地精霊純真魂・天賦至霊至魂・開発統一楽天清浄魂・光徳溢八荒至霊至魂・霊主体従・忠良心（やまとだましい）〕

③愛善心のこと〔本文例―大仁愛主義精神魂・大仁愛主義玉霊玉魂（やまとだましい）〕

④三五神諭（おほもと）では、やまとだましいに相当する表現のところに水晶魂・神国魂の語があててある。

ぶつじ・ぶつ

①仏教、または仏教文化全般に関すること〔本文例―仏教・仏事・仏界（ぶつじ）。仏・仏教・仏界・仏霊・仏神（ぶつ）〕

②物質文明、または体主霊従のあり方のこと〔本文例―物質・物質万能（ぶつじ）。金銀為本国（ぶつじのくに）。物質（ぶつ）〕

③神道以外の教えのこと〔本文例―外教（ぶつ）〕

ろこく

①ロシア国の略。露・魯はあて字〔本文例―露国・魯国（ろこく）〕

②特定国のみでなく一般に侵略主義の国をさす〔本文例―侵略主義国（ろこく）〕

③三五神諭（おほもと）では、ろこくに相当する表現のところに邪神の国・悪神の国の語があててある。

用語の理解のために（参考資料）

神論にある地名・人物や大本用語の一部を参考に挙げた。
冒頭の年月日は神論本文の年月日。
（文中敬称略）

※出口なお開祖は「開祖」、出口王仁三郎聖師は「聖師」、出口すみこ二代教主は「二代教主」、出口直日三代教主は「三代教主」と表記。

■大正七年十二月二日（旧十月二十九日）

【若姫君尊（わかひめぎみのみこと）】

開祖のご神霊。他に稚日女岐美尊、若日女君命などの漢字があてられている。

【変性男子（へんじょうなんし）】

大本用語の一つで、女体男霊の身魂をいう。本文では、開祖をさす。

【変性女子（へんじょうにょし）】

大本用語の一つで、男体女霊の身魂をいう。本文では、聖師をさす。

【尉（じょう）と姥（うば）】

厳瑞二霊をさす。

尉と姥について、二代教主は、次のように示されている。

「私はむかしから筆先以外の本は、読ましていただいたことも、また他の方面のことを聞かしていただいたこともないのですが、イザナギノミコト、イザナミノミコトという名でおがんでいます神様が、尉と姥のご夫婦の神様のことであると思っています。又これは艮（うしとら）の金神さま、坤（ひつじさる）の金神さまのお活躍（はたらき）であります。これは私がじっと考えてきましたことであります。イヅノミタマ艮の金神国常立之尊（たちのみこと）さまは丹後のメシマに、ミヅノミタマ坤の金神豊雲野尊（とよくもぬのみこと）さまは播州（ばんしゅう）の高砂沖の神島（かみじま）に世をしのんで、かげのご守護になっていたのでありますが、時節がきて綾部の新宮坪の内、元のお屋敷にお帰りになることになったのであります。（中略）

それから、播州の神島にお宮がたって、初めて教祖（開祖）と先生（聖師）がいっしょに参拝された時のことであります。この時に初めて教祖は先生がミロクの神さまであるということを神さまから聞かされなさって、非常に驚かれたのでありますが、祭典が終わって、参拝したものが舟着場のところに降り、そこで腰をおろして海の景色を眺めていますと、山の上から松の枝が二本降ってきました。これは先生が折って投げられたのでありますが、誰もなんのことか分からんので、うっかりさわって叱られでもしたらと言うので、そのまま浜の砂の上に落ちてきたままにしておきました。その時そこに遊んでいた私の娘の姉の一二三と妹の尚江が、ちょこちょこと出てきて、その松の枝を一本ずつ拾ってそこを掃きだしました。尚江がたしか三つだったと思いますが、それをじっと見ておられた教祖さまが、

『おすみや、これを何と思う。こどもがしとるのでない、神さまが実地をみせていなさるのやわいな』と申されましたが、この時、一二三と尚江が尉と姥の型をしたのであります。」

（『おさながたり』「尉と姥」）

【王子】

京都府亀岡市篠町王子。二代教主の奉公先。

【八木】

京都府南丹市八木町。開祖の三女・（福島）久子の嫁ぎ先。

【梨木峠】

老ノ坂（亀岡市と京都市の間にある峠）と王子との間にある小さな峠の名。

【本田親徳】

一八二二〜一八八九年。鹿児島県生まれ。平田国学の流れをくむ神道家。鎮魂帰神法を再興し『道の大原』を著す。静岡県浅間神社宮司。長沢雄楯や副島種臣らが師事した。

【暗がりの宮】

梨木峠側の王子天満宮（亀岡市篠町王子）をさす。明治二十一年三月、聖師はこの宮で本田親徳翁と出会い、神道家として国のため尽くすよう諭された。また、本田親徳翁は、八木の村はずれで開祖とも出会い、開祖の神的ご因縁を説いたという。

【今度の世界の大戦争】

一九一四年（大正三年）から一九一八年（大正七年）にかけて戦われた人類史上最初の世界大戦、第一次世界大戦をさす。開祖が昇天された大正七年十一月六日（旧十月三日）とともに休戦交渉が始まり、まもなく四年ぶりに終戦した。

【三代の直霊】

出口直日三代教主をさす。

「大本神諭」には、次のように示されている。

「変性男子の後の御世継は、明治二十五年に、初発に出口直の筆先に一度かかした事は違いは致さん、何事も出口直の後の二代の御用を勤めさすのは、末子のお澄が定めて在るなり、三代の御用いたすのが、出口澄の総領の直霊に渡る経綸に定まりて在るぞよ。」（明治四十三年旧四月十八日）

（『おほもとしんゆ』第四巻）

【天の御三体の大神様】

天上の神界において極めて高い神位にましますご大神様であり、ご神名としては、『霊界物語』等のご教示によると天照皇大御神（天之御中主大神の御精霊体の完備された、撞の大神）、伊邪那岐大神（日の大神）、伊邪那美大神（月の大神）のご三神をさす。

「大本神諭」には「天の御三体の大神様が、天と地とに昇り降りを成されて、御加勢があるという事が、御筆先で知らして居ろうがな。」「大国常立之尊が天晴表へ現われたら、天の御先祖様もお出ましに成りて、天の御三体の大神様の御骨折りも明白に判りて来るぞよ。」（大正五年旧十月二日）などと示されており、地のご先祖にまします国祖の大神様（国常立尊）が地上神界の主宰神としてご再現になるとき、天のご三体の大神様もまた地上にご降臨になり、国祖のご神業を加勢されることが示されている。

なお、大本開教百年の年（平成四年）、綾部の聖地に天の大神様がご昇降になる本宮山をご神体山として長生殿が完成。国祖の大神様のご神霊はみろく殿から長生殿にご遷座になり、天と地の大神様をともに拝する神約の宮として建ち上がった。

【肝川の深山八大竜神】

兵庫県川辺郡猪名川町肝川に祭られていた竜神。聖師は大正六年六月、その竜神のご神霊を綾部・金竜海へと遷された。

【丹後の比沼真奈為の宮】

京都府京丹後市峰山町久次にある比沼麻奈為神社。豊受大神が伊勢の外宮へ遷座されるまでお鎮まりになっていた〝元外宮〟。同社は太古、綾部の本宮山上にあり、後に現在の地に移されたとの言い伝えがある。また、聖師は外宮の祭神・豊受大神は国常立尊と同神である旨、述べられている。

【伊勢の内宮、外宮】

三重県伊勢市にある伊勢神宮。天照坐皇大御神（天照大御神）を祀る皇大神宮（内宮）と、豊受大御神を祀る豊受大神宮(外宮)の二つの正宮がある。明治四十五年四月二十四日（旧三月八日）に、開祖、聖師、二代教主、三代教主一行は、香良洲神社とともに参拝されている。

【畝火の山】

奈良盆地南部に位置し、天香久山、耳成山とともに大和三山と呼ばれる。大正五年、聖師は畝火山に登拝されている。

聖師は次のように示されている。

「畝火山は稜威日、出日、日出山の意義であり、口成山である。即ち天照日の大神の御活霊として、世界を照し給ふの稜威日であります。三種の神器にては、大皇鏡の鎮台である。一天万乗の天津日嗣の主上が、大儀式を照して、此の稜威日山を践み占め鳴り出し給ふ所の七十五声が即ち八咫の大皇鏡に鳴り附きて、稜威日の光を増し玉ふが故に、現在を照し給ふ御事柄は、昼夜を貫き徹し玉ふが故に太陽よりも明かに、且つ厳重なる次第である。」

（『出口王仁三郎全集』第五巻 言霊解〔三〕「神武天皇高佐士野行幸と神沼河耳命之段」）

【土米】

土が米粒ほどの大きさに自然に固まったものをいう。

【香良洲の宮】

三重県津市香良洲町にある香良洲神社。祭神は稚日女尊（開祖のご神霊）。


【播州の神島】

兵庫県高砂市の南西沖合にある小島。国常立尊の妻神、坤の金神・豊雲野尊ご退隠の地。大正五年の「神島開き」によって、ご神霊は綾の聖地に迎えられた。


【沓島】

京都府舞鶴市（舞鶴港）沖にある小島。艮の金神・国常立尊ご退隠の地。明治三十三年八月二日（旧七月八日）に、「沓島開き」が行われた。ご神霊はその後、綾の聖地に迎えられた。


【海潮】

出口王仁三郎聖師をさす。他に「会長」とも。

■大正七年十二月二十二日（旧十一月二十日）

【辛の酉の年】

大正十年（一九二一）をさす。この年の二月十二日（「紀元節」翌日）に、第一次大本事件が勃発し、聖師は検挙され、百二十六日間を獄中に過ごされた。


【富士と鳴戸の昔からの経綸】

聖師は次のように示されている。

「『富士と鳴戸の経綸』と神諭に示したまふは、陰陽合致、採長補短の天地経綸の微妙なる御神業の現はれをいふなり。鳴戸は地球上面の海洋の水を地中に間断なく吸入し、かつ撒布して地中の洞穴、天の岩戸の神業を補佐し、九山八海の山は地球の火熱を地球の表面に噴出して、地中寒暑の調節を保ち、水火交々相和して、大地全体の呼吸を永遠に営みゐたまふなり。九山八海の山といふは蓮華台上の意味にして、九山八海のアオウエイといふは、高く九天に突出せる山の意味なり。しかして富士の山といふは、火を噴く山といふ意義なり、フジの霊反しはヒなればなり。」

（『霊界物語』第六巻 第二四章「富士鳴戸」）


【彦火々出見の始まり】

がいこくのやり方（体主霊従）を、日本のやり方（霊主体従）に立直すことなどをあらわす。

【無間堅間の神船】

神のみ教え。絶対に沈まない救いの舟のこと。

聖師は次のように示されている。

「メナシは、水も漏らさぬと云ふ事。カタマは、堅くして叩いても崩れぬと云ふ事である。即ち皇祖皇宗の御遺訓を真解し賜はつた所の大本神諭が夫れであらうと思ふのであります。神様の教を指して、メナシカタマの舟と云ふ。」

（『出口王仁三郎全集』第五巻 言霊解（一二）「海幸山幸之段」）

【水火地の大名】

国常立尊をさす。

聖師は次のように示されている。

「鹽椎翁と云ふ事は、つまり水火地翁と云ふ事で、肉体は女で魂は男、即ち地の御先祖様である国常立尊が、出口の守と現はれたと云ふ事でありませう。」

（『出口王仁三郎全集』第五巻 言霊解（一二）「海幸山幸之段」）

【けもの】

肉体的欲望や凶暴性、優勝劣敗、弱肉強食、われよし・強いもの勝ちの心、体主霊従的人間のあり方などをいう。また、同じ意味で「ちくしょう」という言葉も使われている。

【鶴と亀・十二の卵】

大正年間に大本に献納された鶴石と亀石のことと思われる。世界十二の国魂石と伝えられる。

【竹はがいこくの守護】

聖師は次のように示されている。

「梅で開いて松で治める、竹は外国の守護である、という神諭の一つの意味は、梅は教、松は政治である。竹は武を意味する。武器はもと竹でつくった、弓がそれであり、竹槍がそれである。武器を用いなくてはならぬようでは悪い、という意味である。」

（『玉鏡』「梅で開いて」）

【機織の仕組】

開祖のお筆先（大本神諭）の中で、大本のご神業は「錦の機（旗）」にたとえられている。神のご経綸は、織り上がるまでその模様さえ分からないが、経糸と緯糸が巧妙に織りなされて、「みろくの世」という美しい錦のみ機ができあがる。これを機織の仕組（機の仕組）という。

機織の仕組について、「大本神諭」では次のように示されている。

「和合が出来、判りて来る程、此の大本が静まりて、打って変わりて良くなるぞよ。左様なりたら機織が速く織れるぞよ。揃うて身魂を磨きて貰うたら、物事速くなるぞよ。」（明治三十四年旧九月一日）

（『おほもとしんゆ』第七巻）

【棚機姫】

太陽暦、太陰暦、恒天暦を運行させる神力、神徳を有する神。厳と瑞の経緯の神の機をおりなすご神業を司る神。

棚機姫は御倉板挙之神ともいい、聖師は次のように示されている。

「この御倉板挙之神といふことは、言霊学上から見ても、神様の方で申されまする暦――この世界には恒天暦、太陽暦、太陰暦の三つの暦が、常に運行循環してをるのであります。で、この御頸珠をお授けになつたといふのは、いはゆる御倉板挙之神、即ち恒天暦、太陽暦、太陰暦をお授けになつたのであります。」

（『霊界物語』第一二巻 第二八章「三柱の貴子」）

■大正七年十二月二十五日

【鵲の橋】

一般に七夕の夜、牽牛・織女の二星が会う時に、カササギが翼を並べて天の川に渡すといわれる橋。宮中を天上になぞらえて、宮中の御階を鵲の橋ともいう。第一次大本事件前、金竜海にあった教祖殿に架かる橋の名前も「鵲橋」であった。

■大正七年十二月二十四日（旧十一月二十二日）

【復旅の政蔵】

神代において、若姫君尊の側でご用をしていたとされる神。

■大正七年十二月二十六日（旧十一月二十四日）

【阿直王仁】

阿直岐と王仁。阿直岐は応神天皇の代に百済から渡来し、太子菟道稚郎子（古代日本の皇族）の師となった。王仁博士は阿直岐を介して渡来し、論語十巻と千字文一巻を献上。これが一般には日本に文学、学問が入った嚆矢（はじめ）とされている。聖師の落款「百済博士」はこの王仁博士に由来する。また、聖師は王仁について、「同じ名の出口の王仁は日の本の本つ教を開き初めけり」と詠まれている。

王仁博士について、三代教主は次のように述べられている。

「〝難波〟の絵を松野先生（松野奏風・能画家）が説明されるときでした。その場面はツレの天女である木ノ花咲耶姫命が舞を舞っているのをシテである王仁博士が眺めている図なのですが、王仁博士は千字文や、そのころ朝鮮、支那（中国）の文化を携えて日本に渡来し、日本に外来文化をもたらした貢献者であるし、木ノ花咲耶姫は日本伝来の文化の神様だと言われたのです。それを聞いている時、私はふと百済の王仁博士という名から、お父さん（聖師）の王仁という名を連想したのです。そうしてその絵を見ていると、私が最近（昭和二十五年当時）一所懸命歌の選などやっているのを、お父さんが観ていられて悦んでおられるような気がしてきましたのです。」

（『木の花』誌 昭和二十五年七月号）

■大正八年一月一日（旧大正七年十一月二十九日 水曜日 癸の丑 四方拝の日）

【四方拝】

一月一日に宮中で行われている一年最初の儀式。早朝、天皇が皇居内の神嘉殿南庭で伊勢の神宮、山陵および四方の神々を遥拝される。国民にふりかかる災厄などの悪いものが浄化されますようにという趣旨の祝詞を奏上される。

なお、皇居内の宮中三殿と付随施設では、主な祭儀だけでも年間に二十数回執り行われており、古代・中世からの伝統を受け継いだ諸祭典を通して、国家国民の繁栄、世界平和、五穀豊穣などが祈られている。

【六合拝】

第二次大本事件前、旧正月元旦に黄金閣で行われていた礼拝式。七十五声の鈴をならし、天津神算木、天津菅曽を運用して聖師はご神示をうけられていた。六合とは全大宇宙のこと。今日では、節分大祓い潔斎神事にその精神が受け継がれている。

■大正七年十二月二十七日（旧十一月二十五日）

【金竜殿】

現在のみろく殿前広場にあった建物。大正三年完成。大正九年に五六七殿が完成するまでの間、礼拝殿として使用されていた（その後は祖霊社にあてられた）。亀岡・天恩郷に大道場が開設される大正九年までは連日大本講話が行われ、鎮魂帰神の実修などもさかんに行われていた。

■大正八年一月二日（旧大正七年十二月一日）

【開化天皇】

第九代天皇。聖師の産土・小幡神社の祭神。神名は稚日本根子彦大日日命。聖師は次のように示されている。

「抑も当社の祭神は開化天皇で、延喜式内の旧い由緒在る御宮で、屋根には十六の菊の御紋と三ツ巴の紋が附けてありますが、私が明治三十一年二月帰神状態になつた時、大心願を篭めて置いた神様であります。神名は稚日本根子彦大日日命で、此の御神名を日本言霊学の上から奉釈すると、新の日本国建設大本皇威発揚の神言霊といふ事に成ります。

私が此の神様の氏子と生れ、綾部の地の高天原へ参上り、五六七神政成就の御用を勤めさして頂いて居るのも、決して偶然では無いといふ事が首肯されるのであります。」

（『出口王仁三郎全集』第五巻「随筆（七）」）

【天目一之命】

鍛冶を司る神で、記紀神話では天照大神の岩戸隠れの際に刀や斧を鍛えたとされている。『霊界物語』には三大教の宣伝使北光天使として登場する。

■大正七年十二月二十三日

【八重垣ノ宮】

京都嵯峨の清滝に当時あった社のこと。聖師は大正七年、同社に豊国主神・神素盞嗚神のご神霊を鎮祭し「皇道大本八重垣神社」とご命名になる。その後、亀山城跡を入手（大正八年十一月）し、大正九年春、同社のご神霊は天恩郷に遷座された。

■大正八年一月二十七日

【紀元節（きげんせつ）】

初代天皇・神武天皇が大和（やまと）（奈良）の橿原（かしはら）の地で即位したとされる日。現在は「建国記念の日」として国民の祝日（二月十一日）になっている。

【九月八日の仕組（しぐみ）】

何事も世の中の先端を切り、これから起こる事を覚り、前もって実行すること。

「九月八日の仕組」について、聖師は次のように示されている。

「神の命じたもうことは即座に実行せねばならぬ。寸時の猶予（ゆうよ）も許されないのである。命令を受けた時に実行せないで延ばすと、その事はもう成就せないのである。もし後で成就することになっても、それは外の人がやってしまうから、命令を受けた本人にとってはつまり実行できなかったことになる。大本の事は、九月八日の仕組で、世間に先だって、リードするのであるから、一日おくれると世間なみになってしまう。見よ、大本が宗教連盟を企（くわだ）つるや世間はにわかに何連盟、彼連盟と連盟を企てて真似（まね）をする。満蒙開発よりほかに国是（こくぜ）はないと思って私が入蒙（モンゴル入り）すると、満蒙政策がやかましく唱道される。だから大本は一日先に神様に教えられて、社会をみちびくようになっているのである。」

（『水鏡』「神命と実行」）

【七福神の楽遊び】

みろくの世の姿をあらわす。

■大正八年一月二十一日（旧大正七年十二月二十日）

【金竜の池】

大正三年から六年にかけて綾部の神苑に掘り上げられた池。「金竜海」という。竜神のすまい所と示されている。池には島が浮かび、世界五大洲の雛形（ひながた）とされる。第二次大本事件の際に埋められたが、事件解決後、再び聖師のご指示により復元、築造された。平成十七年十一月、大和島も復元された。

■大正八年一月二十七日（旧大正七年十二月二十六日）

【天の鳥船・鳥の磐樟船】

神代にあった〝航空術〟のこと。聖師は次のように示されている。

「近来世界の各国は、競うて飛行機飛行船の製作と操縦に憂身をやつし、遂に戦術上無二の武器となつて了つた。故に各国共に陸海軍の完成拡張は勿論、航空術は非常な進歩発達を為し、航空機の最も完備せる国家が世界の覇を唱ふるに至つたのである。我国の航空界も大に近来発展したものの、海外某々国に比して到底敵すべからざるの情勢である。しかし我国には伊奘諾尊時代から航空の術は大に開かれてゐた。古事記上巻国生みの段に『鳥之磐樟船の神を生み給ひ、亦の名は天の鳥船云々』と記されて居るを見ても、我国が航空術の元祖であり、且つ神護のある事は明々白々の事実である。鳥の磐樟船を守らす神さままでチャンと我国に太古から定つて居たのである。吾々神国日本の大道を宣伝しつつあるものの等閑に付すべからざる大問題と思ふのである。」

（『出口王仁三郎全集』第五巻「邦国の航空界の進歩完成を促す」）

【火の輝日子・迦倶槌・火の焼速男】

「古事記」上巻に登場する別名同神。〝火力文明〟を象徴している。

〝火力文明〟について、出口日出麿尊師は次のように示されている。

「火というものは焦燥であり、急激であり熱烈である。ゆえに、火を用いる文明が発達すればするほど、人間の心もそうなって来るのは当然である。しかも近代文明の発達は、これことごとく火力に負うところであって、それから受けた恩恵も実に莫大なものであるが、一方、それがために次第に人心が焦燥となり、生活が急迫となり、世界に争闘の絶え間がない。これことごとく火力文化に起因するのである。」

（『信仰覚書』第八巻「火力文明」）

【金山彦・金山姫】

「古事記」上巻に登場する神。金銀為本のあり方（拝金主義）などを象徴している。

■大正八年二月十三日（旧一月十三日）
【十曜の紋】

聖師大本入り後まもない明治三十二年七月十日に大本の神紋として神定された。この十曜（十個の丸）は「天の数歌」にもとづくものであり、天地剖判のはじめから大宇宙が創成されて森羅万象が生じていく各段階が象徴的に表されている。


【古事記】

日本最古の古典。「皇典」ともいう。聖師は「古事記」について「皇道の大本を説いたものに外ならぬ」と述べられているが、その真意義は言霊学上の解釈によらねば理解できないとした上で、「大本神諭」と同様、いつの時代にもあてはまる尊い神文であると述べられている。

「皇道」については、21頁参照。

■大正八年三月十二日（旧二月十一日）
【旭昇石】

別名、日昇石。大正八年に献納された霊石。

【白蛇の霊石】

大正八年に献納された霊石。

■大正八年四月二十三日
【国会開き】

「みろくの世」成就のために世界の精神的指導者が一堂に会する集会をさす。『霊界物語』では「万聖の大集会」と、また三五神諭（『霊界物語』第六〇巻）では、「神柱会開き」と漢字があてられている。


【スとフとヨとの大戦い】

民族間の争いや、神・仏・耶の宗教間の争いのことをいう。

スとフとヤの〝三大民族〟について、聖師は次のように示されている。

「太古、世界には三大民族があった。すなわちセム族、ハム族、ヤヘット族である。セムの言霊はスとなり、ハムの言霊はフとなり、ヤヘットの言霊はヨとなる。ゆえにスの言霊に該当する民族が、日本人、朝鮮人、満洲（現・中国東北部）人、蒙古（モンゴル）人、コーカサス人等である。ユダヤ人もセム族に属する。つぎがハム族で支那（中国）人、印度(いんど)人または小亜細亜(しょうアジア)やヨーロッパの一部にいる民族である。ヨの民族すなわちヤヘット族というのはアフリカ等にいる黒人族である。しかし現在は各民族ともことごとく混血しているのであって、日本人の中にもハム族等の血が多数に混入している。また欧米人の中にはハム族とヤヘット族とが混血したのがある。イスラエルの流れということがあるが、イは発声音で、スラエの言霊はセとなるがゆえに、イセ（伊勢）の流れということになる。すなわちセム族のことである。」

（『玉鏡』「三大民族」）

■大正八年七月十二日

【黄金閣(おうごんかく)】

言霊の神威を発揚する神聖な建物として、金竜海の西側に大正八年完成。当初は言霊閣と呼ばれた。旧正月元旦にはこの建物内で六合拝が行われていた。

【九鬼大隅守(くきおおすみのかみ)】

九鬼家はかつて熊野神社の神官家。江戸時代には本宮山をはじめとする大本発祥の地一帯を治めていた領主。

※関連するご教示は多数あり、ここではその一部を引用した。
　引用したご教示の表記は原文どおり。ただし『出口王仁三郎全集』からの引用は、旧字を新字に直し、また仮名づかいは、ふりがなのみ現代仮名づかいにした。
　なお（ ）内の注記は編者による。

《補足》

（1）「皇道」について

本書には、「皇道」をはじめ「天津日嗣」（天皇）、「大君」、「主・師・親」、「万世一系」、「皇祖・皇宗」、「神国」、「国体」など、今日ではほとんど使われない言葉も数多く示されています。

『霊界物語』「天祥地瑞」によると、「スメラミコト」（「天皇」の大和言葉）の言霊は、数百億年前という全大宇宙（神幽現三界＝「三千世界」）の原初に起源があるとされており、二千六百年余といわれる皇室の歴史を遥かに超えたものです。それゆえに「天皇」は本来、時代を越えて神聖なご存在であることが示されています。（『霊界物語』「天祥地瑞」第七四巻「総説」、第七八巻「序文」、第八〇巻「総説・言霊の活用」、その他）

また、出口王仁三郎聖師の説かれている「皇道」とは、一般の理解とは異なり「天地惟神の道」であり、「天之御中主大神（大国常立大神）」を究極の宇宙創造主神（主の大神）とし、その主神（＝皇神）が全大宇宙を〝すべる〟（皇べる、統べる）道のことをいい、過去・現在・未来に一貫して変わらない宇宙の真相です。

これは、全大宇宙のすべてを究極の主神に帰属させるものであり、主神が幽から顕へとさまざまな職掌を担う無数の神々として顕現し、地上一切の人群万類をはじめ、すべての国々を万民和楽の「みろくの世」へと導くご神業につながります。

こうした大本の皇道観・神観は、新たな神世を築く立直しの教えであり、その根底には広い人類愛善（人群万類愛善）主義が貫かれています。

特に、大本の教えでは、日の本の国（日本）は特殊な国柄であり、この国に生を享けた日本人には、本来の「日本魂」（注）に立ち返って、世界平和に貢献すべき尊い使命があると示されています。

それとともに、この国において古来、万民の平安と五穀の豊穣を祈る祭祀の伝統を継承されてきた天皇には、天上の神のみ心を心として、地上現界を精神的・道義的に平和に治める天職があるとされています。

一方、大本は、国祖の大神様（国常立尊）が地上神界の主宰神として綾の聖地（地の高天原）にご再現になり、開教した教団です。

その開教以来、大本は「世の大本」――すなわち、地上現界に起きるすべての事象の源となる〝霊的根本中府〟として、「型・鏡」を示して現界に影響を与えつつ、二大教祖（開祖・聖師）をはじめとする代々の神柱（歴代の大本教主・教主補）のもとにご神業（ご経綸・お仕組(しぐみ)）が進められています。

そして千載一遇のご神業に奉仕するために、太古からのご因縁によって信徒(まめひと)らが集い、大本の神教が伝えられ、三千世界を立替え立直す〝救いの道〟が開かれています。

（注）「日本魂(やまとだましい)」（大和魂）の意味は6～7頁参照。また、大正八年二月二十一日の神諭にはその深い精神が具体例で示されている。（『いづのめしんゆ』二〇四～二〇七頁参照）

出口直日三代教主は昭和三十五年四月、皇居での園遊会に招かれました。左の随筆には、第二次大本事件の苦難を経られてもなお一貫して変わらない皇室を尊重されるお気持ちがつづられており、そのお気持ちは終生変わることはありませんでした。

天皇さまへの感情

三代教主　出口　直日

すこし前のことになりますが、宮中の観桜宴（かんおうえん）にご招待いただきました時、わたしはそのことを心からうれしくおもいました。それは明治の日本に生まれ、ながい間、皇室尊重の気持ちを培われてきたわたしの素直な気持ちでありました。

大本の開祖さまも天保生まれの方でありましたから、いつも天皇さまのことを〝てんしさま〟と申され、お声には感動のひびきがこもっていたと思っています。それは貧しい人、しいたげられている人にたいしては、胸をしばられるような同情の涙をこぼされていながら、それと同じ純粋な気持ちで、天皇さまにたいしていいだかれていたものだと思います。けっして権力にこびるとか、高いところに土もちをするというような気持ちからではなかったのです。栄えている人におべっかするというようなものでなく、理屈を超越した感情からでありました。天保人や、明治の大方の人のこうした天皇さまにいだいていた感情は、戦後の人に理解できないものとなっているようです。

わたくしが観桜宴に招かれて感動したままを素直に詠んだ歌が、その頃の若い編集者によって削られたことがありましたが、あれはまことに残念なことでした。そこには、権力にへつらうと同じような不純なてらいがあるようにおもわれてなりませんでした。わたくしは何も戦後の若い人の思想がどうあろうと、それにこびる気持ちはもちたくありません。ことに作歌の上では、わたしの感情にもっともぴったりした表現を求めているのです。

かつては、天皇の名によってこっぴどく苦しめられ、いまだにそれが尾をひいている私ですが、私は、日本の国が戦争に敗れ、天皇の権威が前のようでなくなってから、それをよいことのように、天皇にたいして露骨（ろこつ）な気持ちを示すような人間は、それだけのものだとおもっています。

（『寸葉集』巻一）

お歌

皇（すめらみこと）に吾の召さるる今日の朝涙たりつつ亡き友憶ふ
右に左に桜かがよふ朝の道大君のへに吾は急ぎぬ
み頬少しやつれいまして白髪まじる御髪（みぐし）も親しわがすめらみことは
上も下もよくなれよとの大本の神のみ教をしきりに思ふ

（出口直日歌集『西王母』より）

（2）「弥勒三会」について

大正八年七月十二日の神諭にある「弥勒三会」とは、法身、応身、報身の「みろく三身」がおそろいになったことをいいます。

大本では、みろくの世実現へ向かうご神業を「みろく神業」といい、出口なお開祖の時代を「法身みろくのご神業」、出口王仁三郎聖師・出口すみこ二代教主の時代を「応身みろくのご神業」、そして、出口直日三代教主・出口日出麿三代教主補（尊師）の時代から今日に続くご神業を「報身みろくのご神業」といいます。出口王仁三郎聖師のご教示によると、「みろくの世」はすでに出口なお開祖の時代から始まっているとされていますが、この「みろくの世」にも段階があり、「法身のみろくの世」、「応身のみろくの世」と移りゆき、「報身のみろくの世」になって初めて霊体一致した真の意味での「みろくの世」が到来すると示されています。

法身、応身、報身という言葉は、他の宗教においても用いられていますが、大本でいう「法身みろく」「応身みろく」「報身みろく」の意義は大本独特のものです。この三身みろくは「みろくの大神」の地上におけるあらわれ方をいい、本来三身一体であり、別々のご存在ではないと示されています。時代に応じてその主たるお働きやあり方に違いがあり、となえ方を異にしているものです。

（『出口王仁三郎全集』第二巻 第六篇「宗教雑感」第一八章「弥勒の世」参照）

法身みろく＝善一筋、まこと一筋のかがみの意（開祖時代のご神業）
応身みろく＝時、所、位に応じて行われるまこと一つの救いのお働きの意（聖師、二代教主時代のご神業）
報身みろく＝主の大神さまに信仰のまことを尽くし、みろくの世の姿を身をもって実現するお働きの意（三代教主・三代教主補（尊師）、四代教主、五代教主時代、およびそれ以降のご神業）

（3）「伊都能売魂（いづのめのみたま）」について

出口紅教主は平成十九年七月、大本教主として初めて富士山にご登拝になり、富士のご神霊、木の花姫（このはなひめ）の神、すなわち伊都能売（いづのめ）の神に対して深い祈りを捧げられました。

出口王仁三郎聖師は「伊都能売」と題して、大正十五年から昭和二年まで、当時の大本機関誌に長文の論文を発表されています（『出口王仁三郎全集』第一巻 第六編「愛善の真意義」第二章「伊都能売」）。伊都能売神による全大宇宙から一身一家に及ぶまでの広大無辺の救世の大神業は、私たちの想像をはるかに超えるものです。

出口紅教主は、富士山ご登拝後、同年の瑞生大祭ごあいさつで「伊都能売」について次のように述べられています。

瑞生大祭ごあいさつ（平成十九年八月七日）

教主　出口　紅

伊都能売（いづのめ）の神の心を心としみろくの神業（みわざ）に仕へ奉（まつ）らむ

（中略）

富士登拝に際し、『大本神諭』『霊界物語』、その他の関係個所をいろいろと拝読させていただき、富士山のご神霊、木の花姫の神、すなわち伊都能売の神の、全宇宙から一身一家に及ぶまでの広大無辺の救世の大神業にあらためて深く感じさせていただき、ただただありがたく、今回の富士登拝のあと、冒頭の歌を詠ませていただきました。

聖師さまは大正十五年、『神の国』に

『神は萬物普遍の靈にして人は天地經綸の司宰者なり。神人合一して茲に無限の權威を發揮す』とは、是れ眞如が入道の最初に當り、伊都能賣聖靈より教示されたる大本の標語である。

抑も人間の身心は、神の分體分靈であつて、實に大切なもので、且つ大責任と大使命を有する靈物である。故に苟くも大本信者たるものは、吾人の本體たる伊都能賣の神を本尊としているのである。

否大本信者に限らず、凡ての神道信者も、佛教信者も、基督信者其の他の宗教信者と未信者を問はず總て自己の本靈本體なる、伊都能賣の神の縁に継がれて居るのである。

稱號は阿彌陀佛、觀音佛、大日如來、釋迦、基督など、種々に區別はあれども、畢竟するに伊都能賣の神の別稱である。

伊都能賣の神は、一切の衆生をして自己の神格に合致させねば止まぬと云ふ、大慈悲心を以て天地開闢久遠の昔から大救濟運動を起し、瞬時と雖も、休止し玉ふた事は無いのである。斯の如き大御親心を本尊とする各宗教徒や、人類は、單に未來の楽土を欣求するとか、天國の住民たる事を祈願するとか、又は物質上の利益に預ると云ふやうな事を目的として、尊敬禮拜するなどは、決

して伊都能賣神子たる人類の本分では無いのである。（中略）

苟くもこの大慈悲、大智慧、大能力、大道義の大元靈たる觀音 即ち伊都能賣の神を信じ、且つ其の神子たることを信ずる信徒は、本尊神の心を以て心と為なければならぬ。

要するに人間は何所までも、伊都能賣の神と成らねばならぬのである。この神と一體不離にして、初めて茲に親子一如たる、活きたる大信念を具體化せなければならぬ。是が大本信徒の眞の大目的大修行である。大本信徒の處生法、大本教徒の覺悟、大本教徒が生活の理想である」

とお諭しくださっています。聖師さまが大本のお道に入られて一番最初に、伊都能売の聖霊にいただかれたご教示が、大本教旨に示されていますように神と人とが一体となることであり、神意を実行する神の代行者としての使命を私たちは今一度思い返さねばなりません。今の世界は神と人の心があまりにもかけはなれてしまいました。

ご神諭に、「世界へ善と悪とのかがみを出す大本であるぞよ」とありますように、わたしたち大本信徒は、神さまの心を心としてみろくの世建設のご神業に、善のかがみとなるよう、どのようなご用にでも感謝と喜びをもって、まごころの惜しみないご奉仕をさせていただきたいと存じます。

（後略）

（文中の旧字・旧仮名づかいはご発表文どおり）